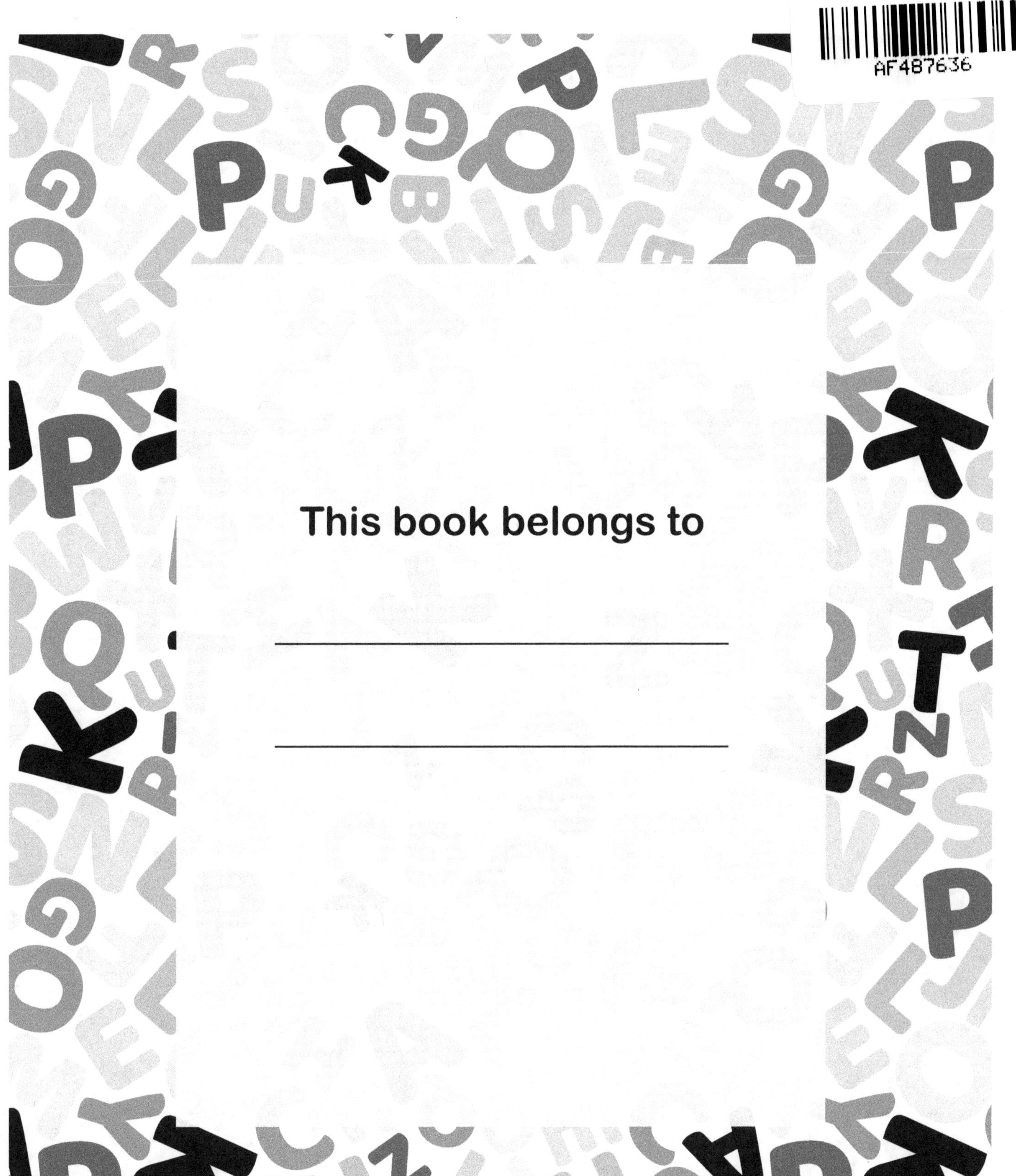

This book belongs to

Color the letter	*Color the letter*

A a

Trace the letter	*Trace the letter*

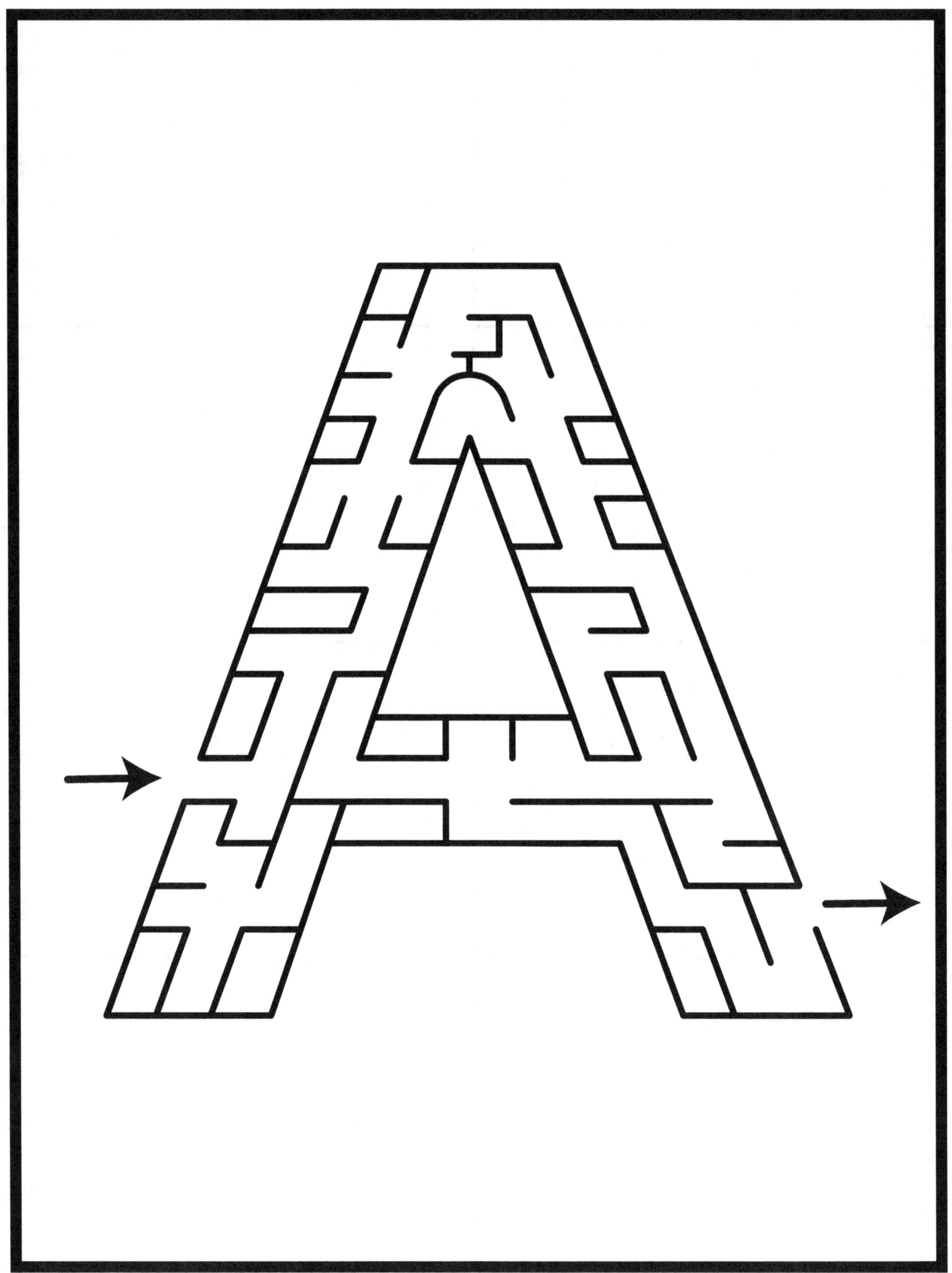

Trace the uppercase and lowercase Aa
to find your way through the maze

START

A	S	t	b	N	o
a	a	A	R	k	d
v	Q	A	i	Z	s
N	t	a	W	n	O
D	C	A	a	A	K
I	f	E	H	A	a
X	P	o	N	r	a

FINISH

A A A A A A

A A A A A A

A A A A A A

A A A A A A

a a a a a a

a a a a a a

a a a a a a

a a a a a a

Cut and build the letters 

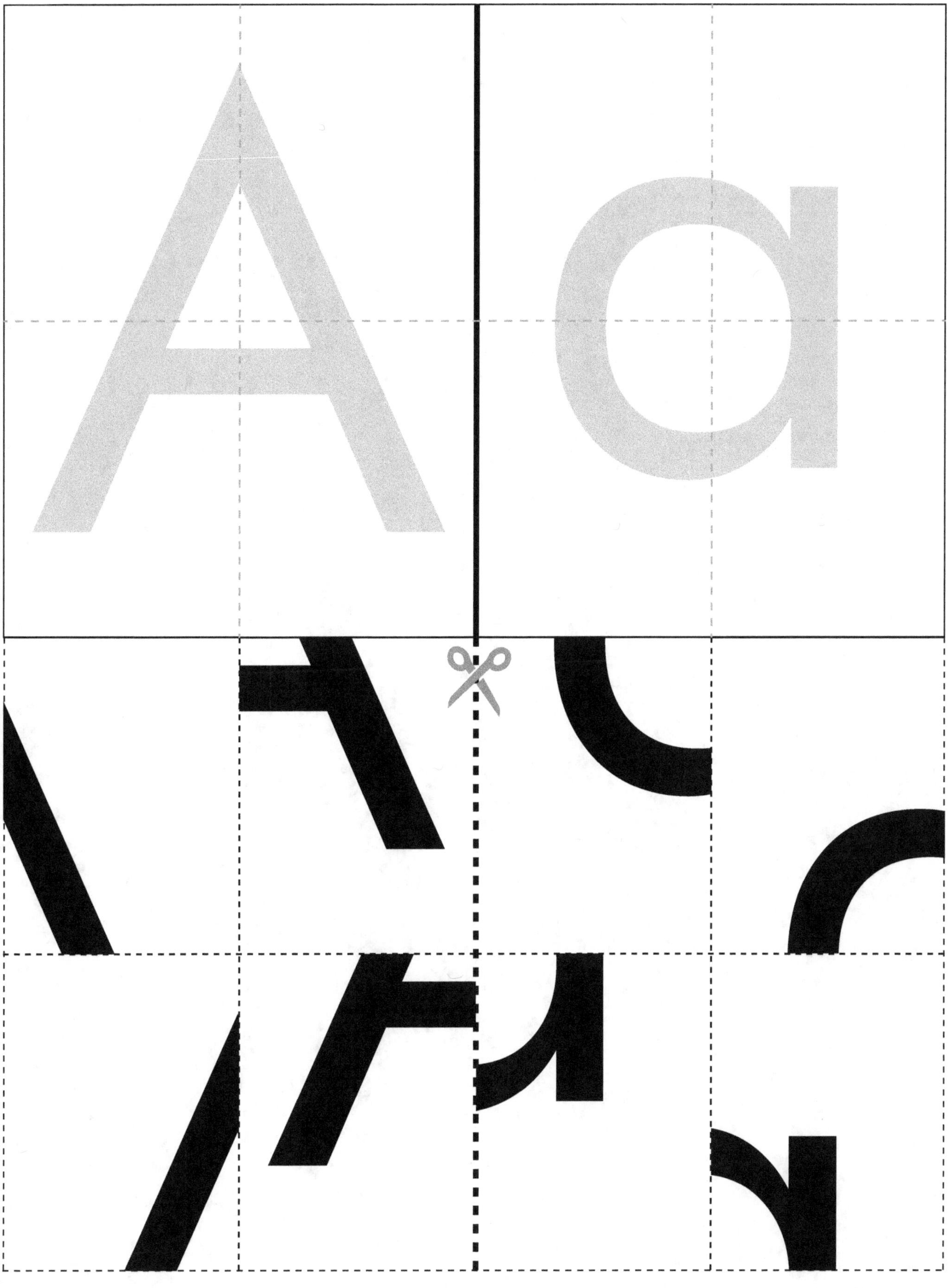

Color the letter
Color the letter
Trace the letter
Trace the letter

B b

B b

B b

B b

B b

B b

B b

B b

B b

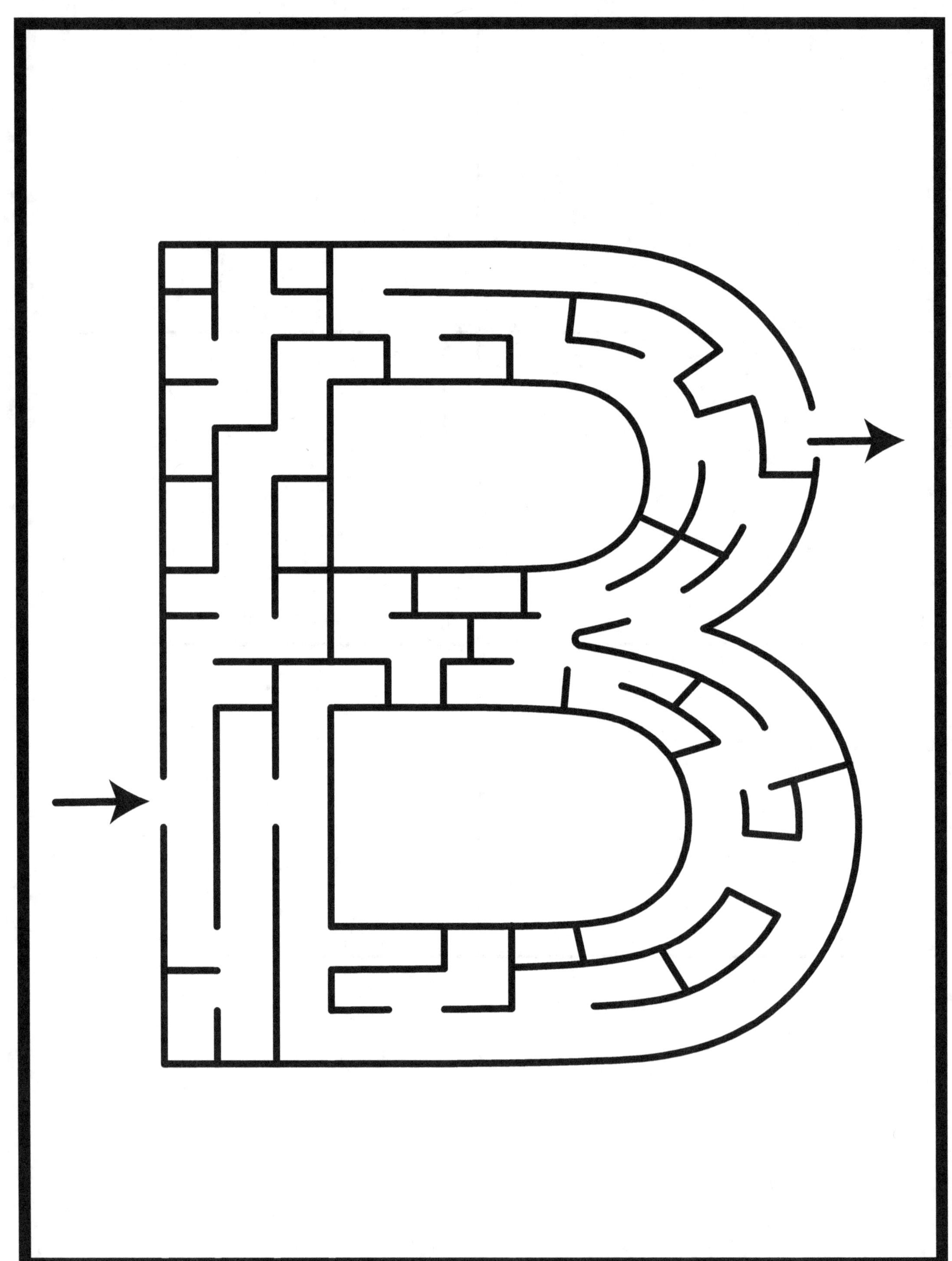

Trace the uppercase and lowercase Bb
to find your way through the maze

START

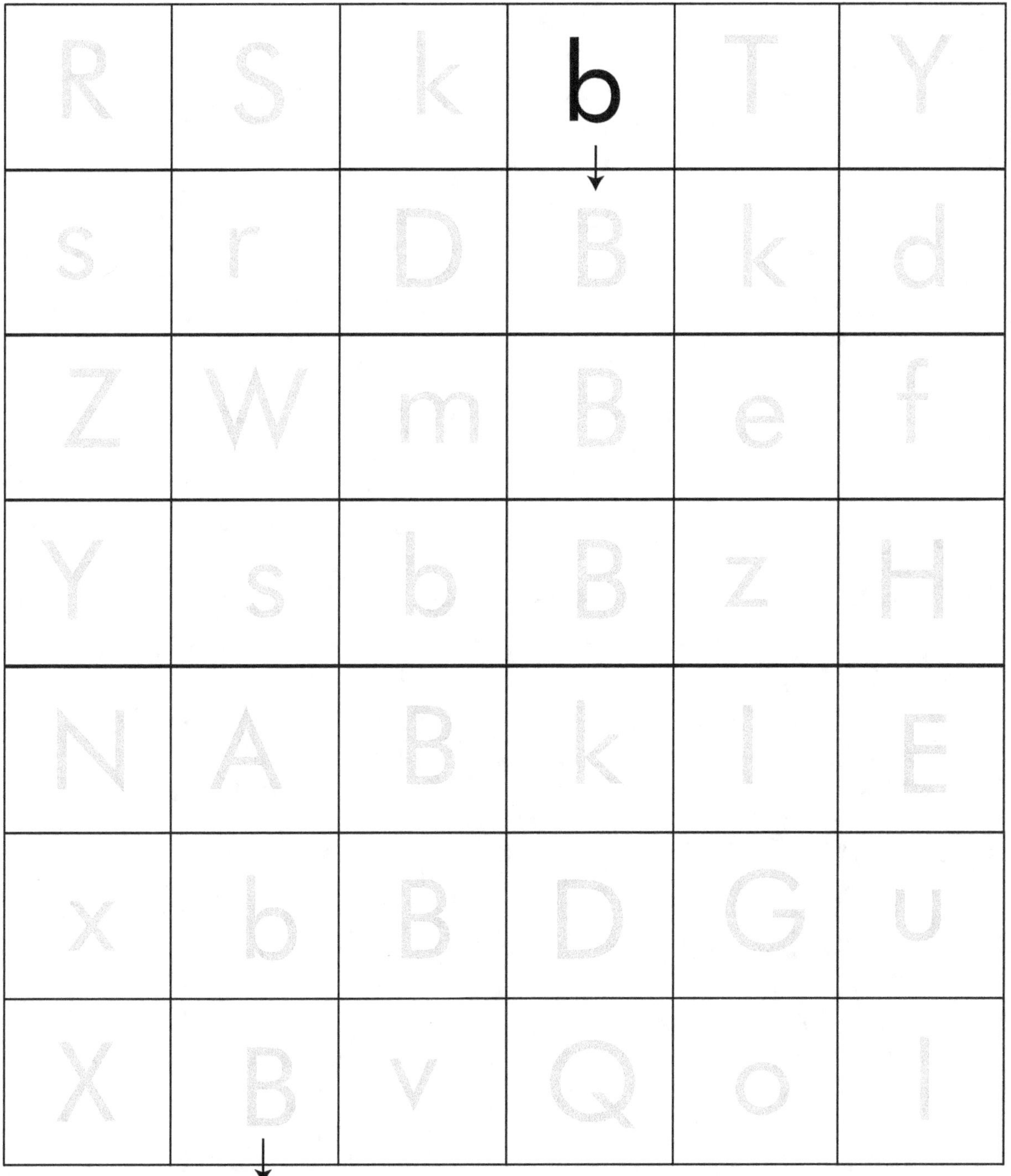

FINISH

B B B B B B

B B B B B B

B B B B B B

B B B B B B

b b b b b b

b b b b b b

b b b b b b

b b b b b b

Cut and build the letters 

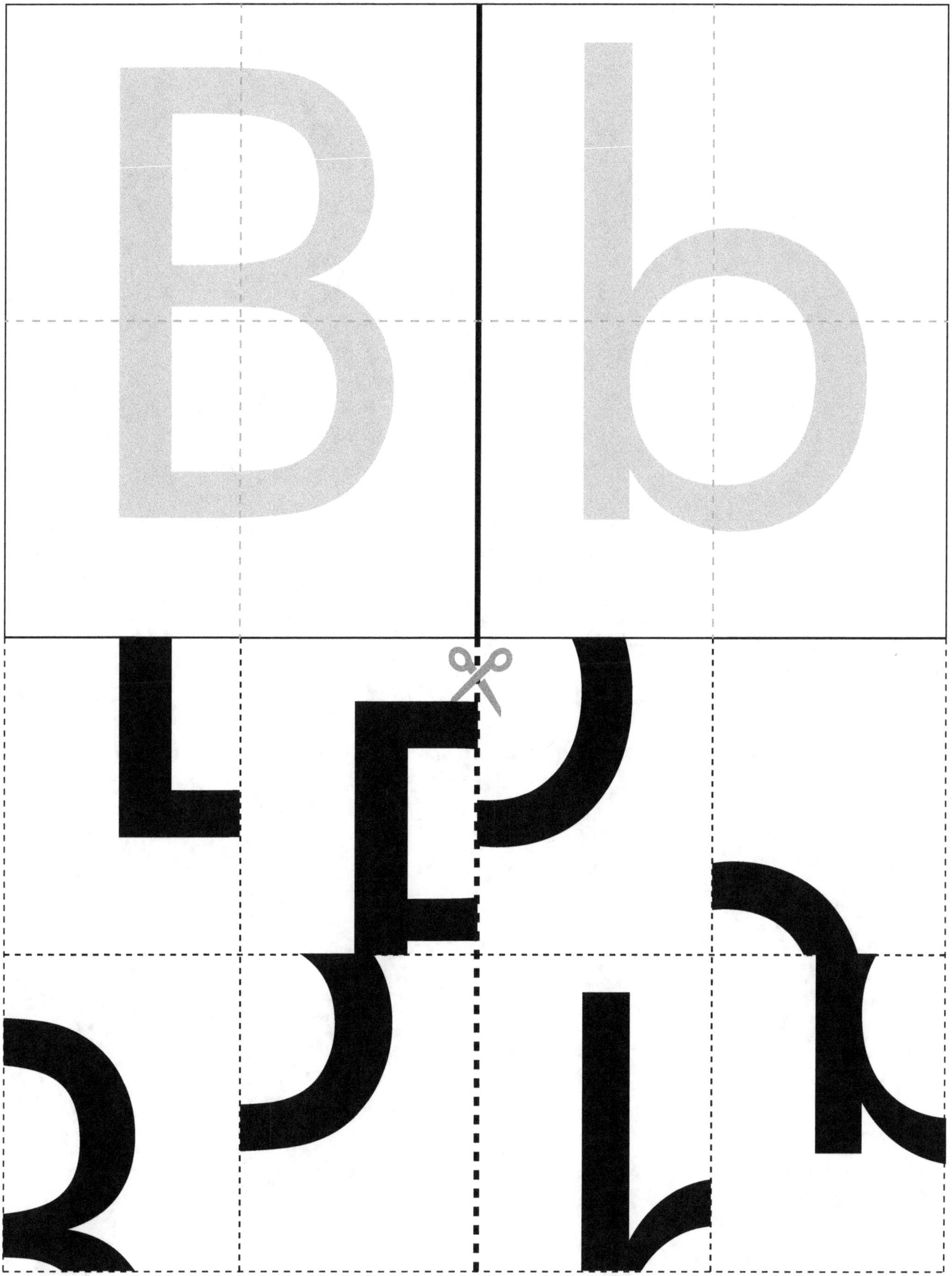

Color the letter

Color the letter

Trace the letter

Trace the letter

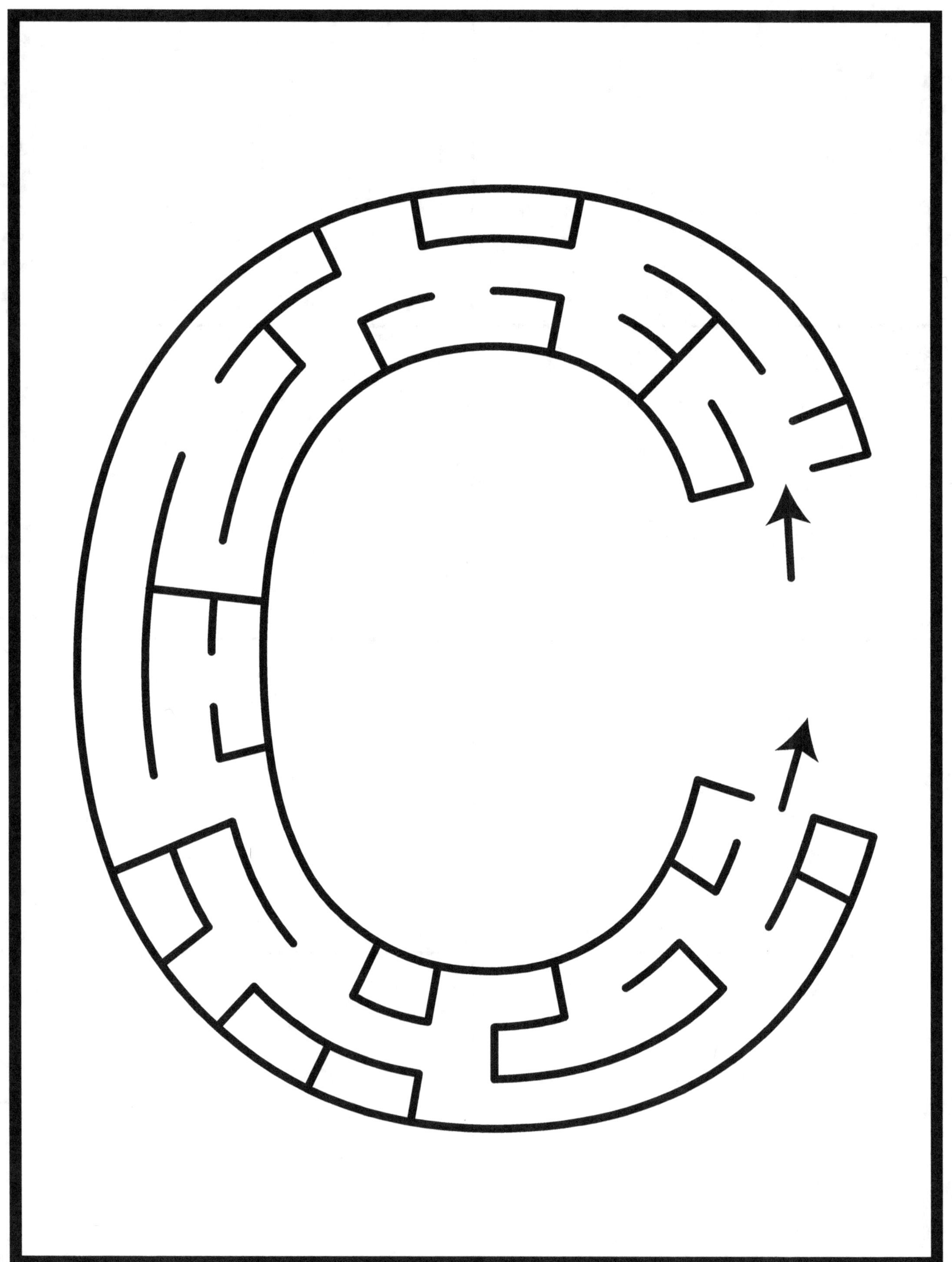

Trace the uppercase and lowercase Cc
to find your way through the maze

START

D	u	n	c	e	l
d	m	C	C	a	K
q	N	C	g	J	A
C	c	c	H	s	L
C	X	Z	g	D	k
c	d	F	T	N	v
C	E	R	l	k	b

FINISH

Cut and build the letters 

Color the letter
Color the letter
Trace the letter
Trace the letter

D d

D d

D d

D d

D d

D d

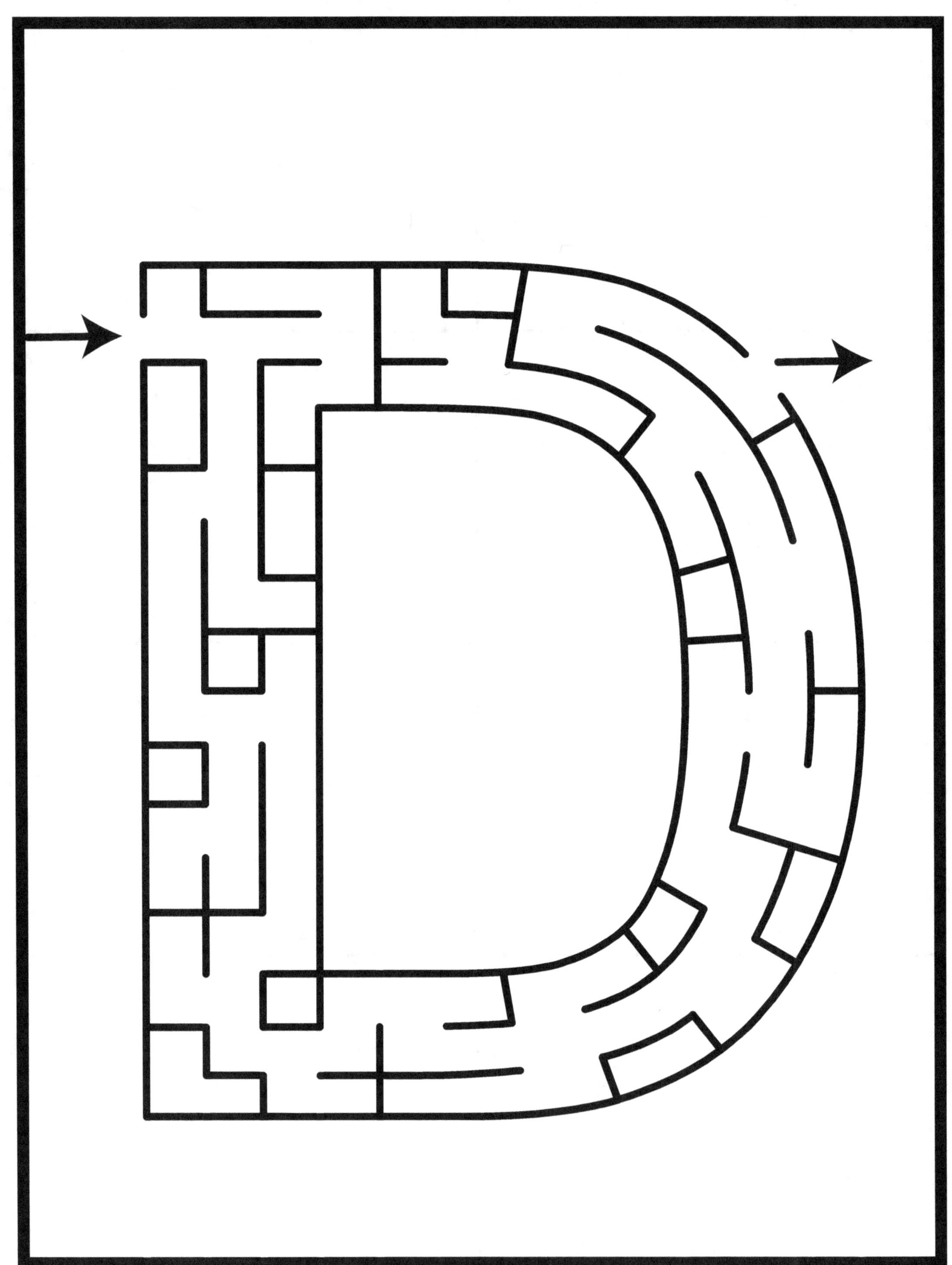

Trace the uppercase and lowercase Dd
to find your way through the maze

START

F	k	J	T	B	D
s	e	H	i	n	d
k	S	C	y	Q	d
W	g	d	D	d	D
X	N	D	o	P	F
z	b	D	D	M	n
U	L	e	D	k	e

FINISH

Cut and build the letters 

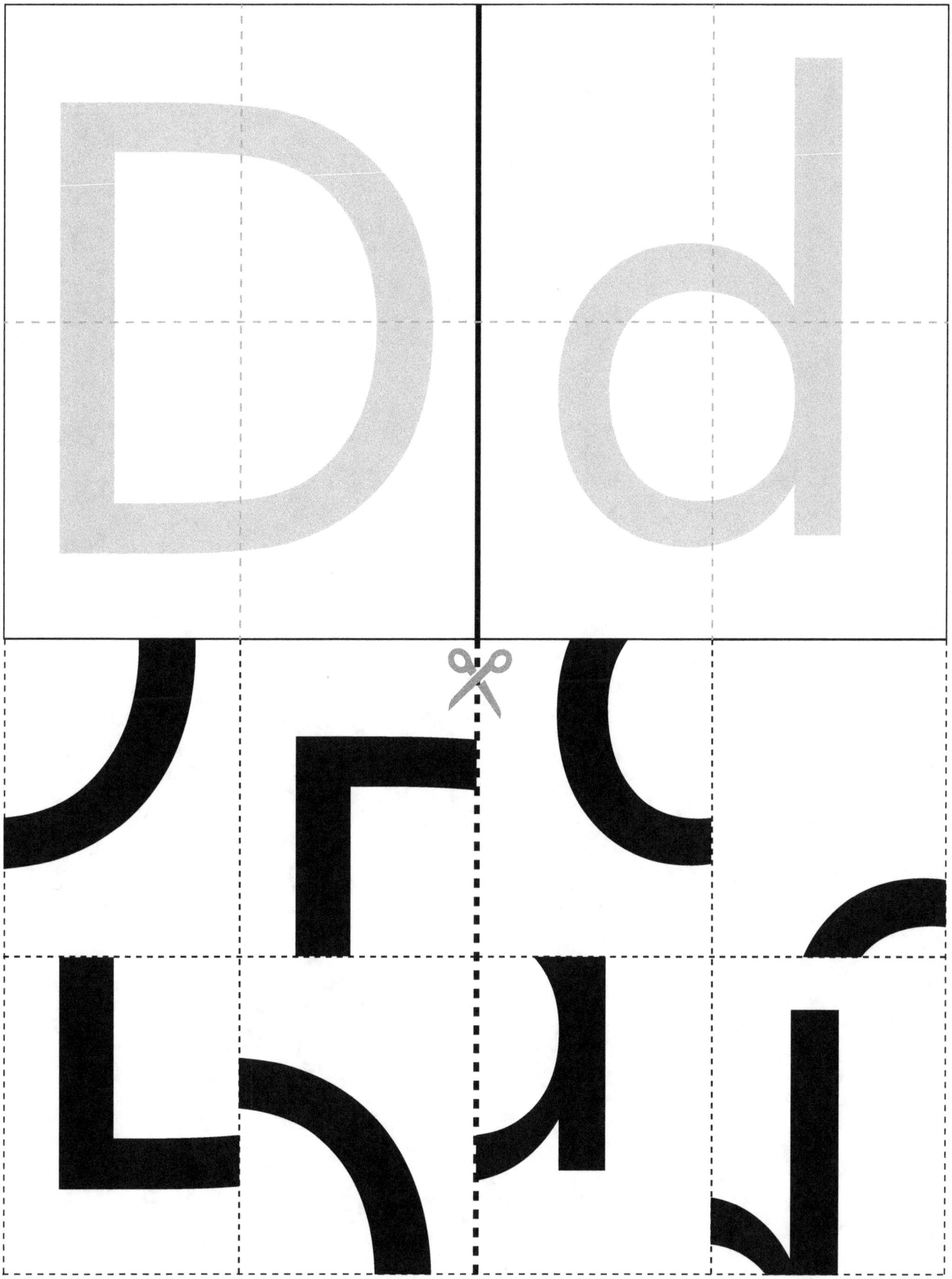

Color the letter

Color the letter

Trace the letter

Trace the letter

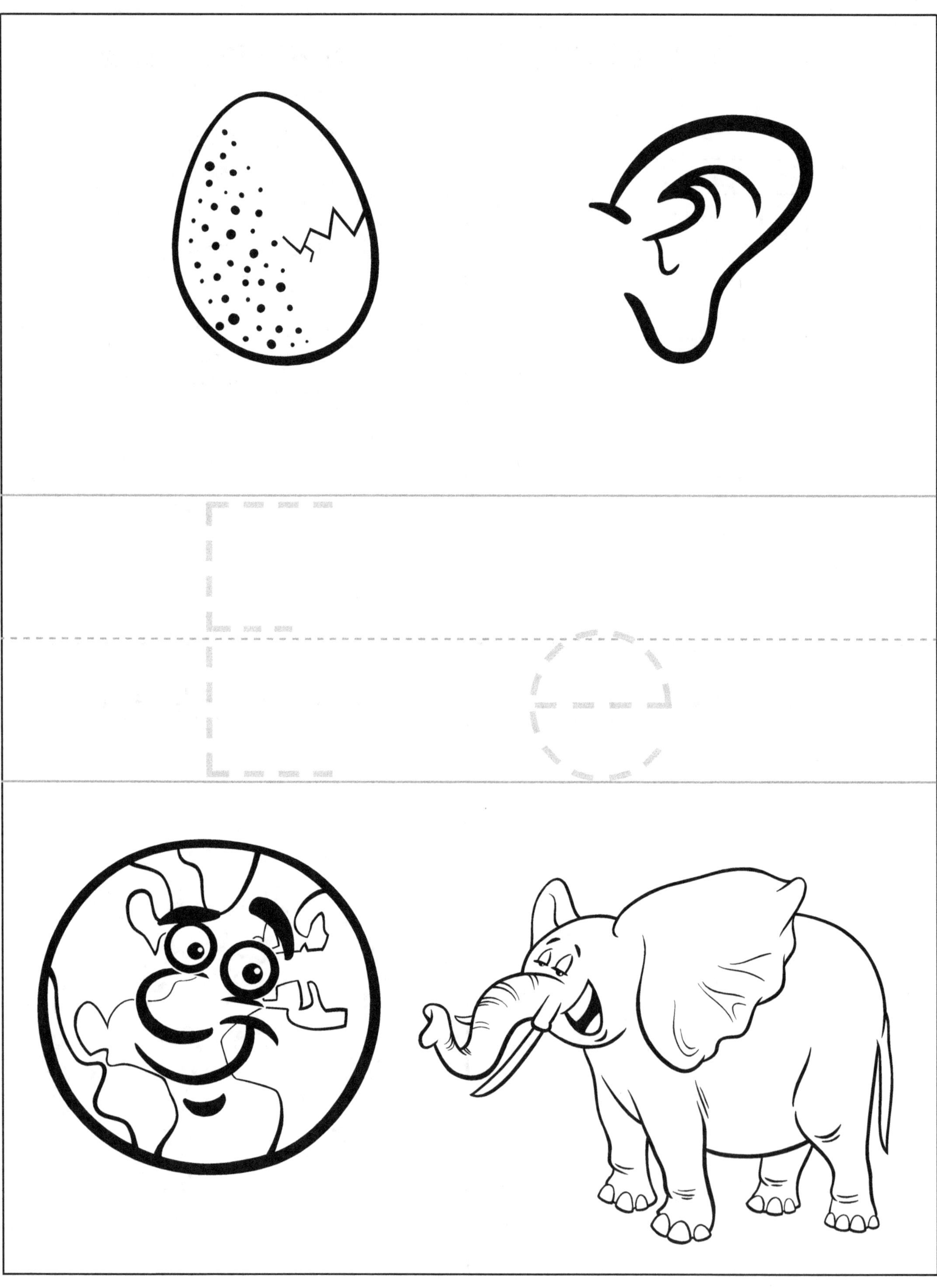

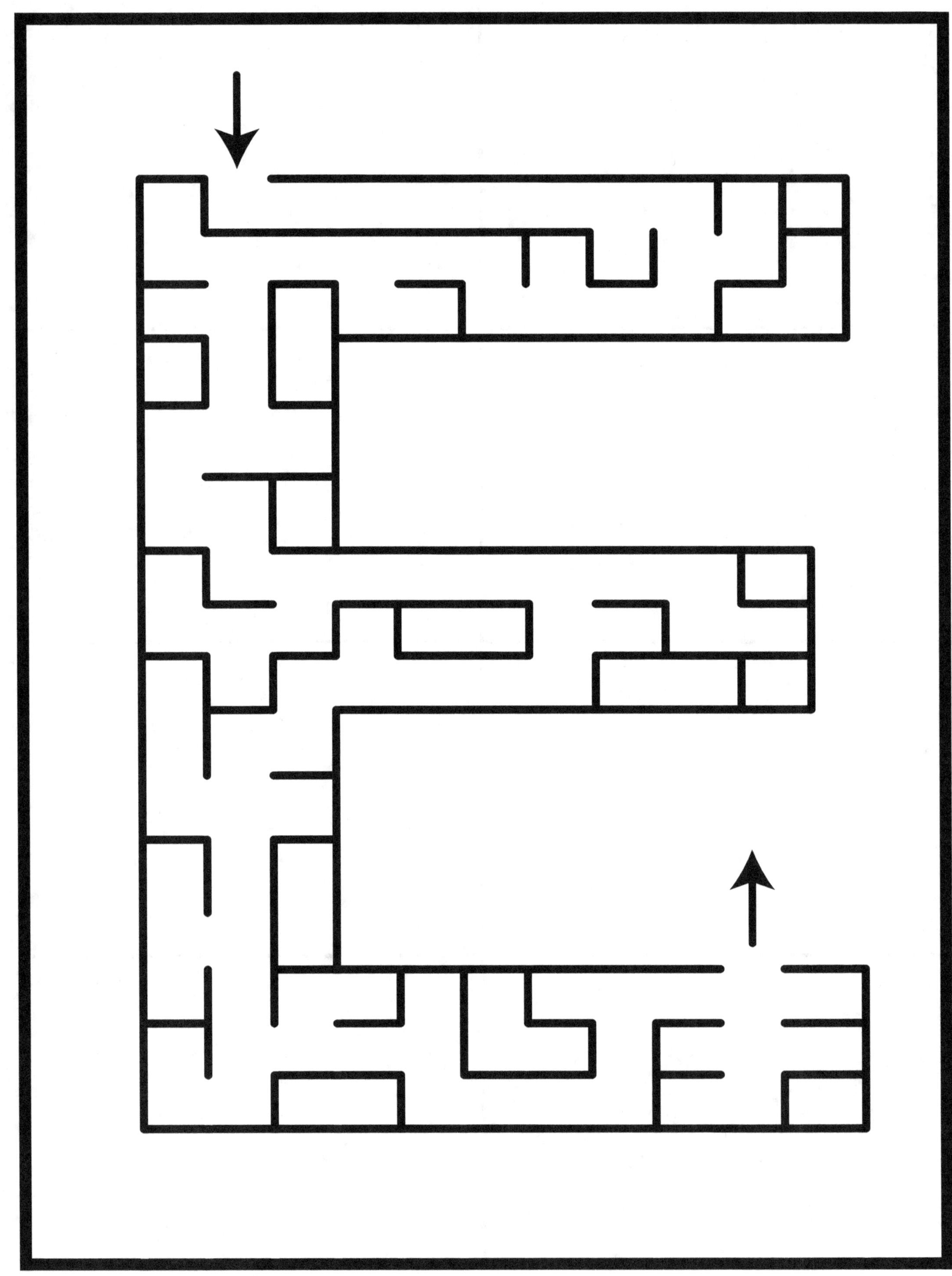

Trace the uppercase and lowercase Ee
to find your way through the maze

START

E	F	g	t	N	o
e	d	Z	S	g	w
e	E	E	e	E	e
G	h	s	N	s	E
L	Y	R	b	W	E
k	t	M	D	E	e
J	X	p	A	e	r

FINISH

Cut and build the letters 

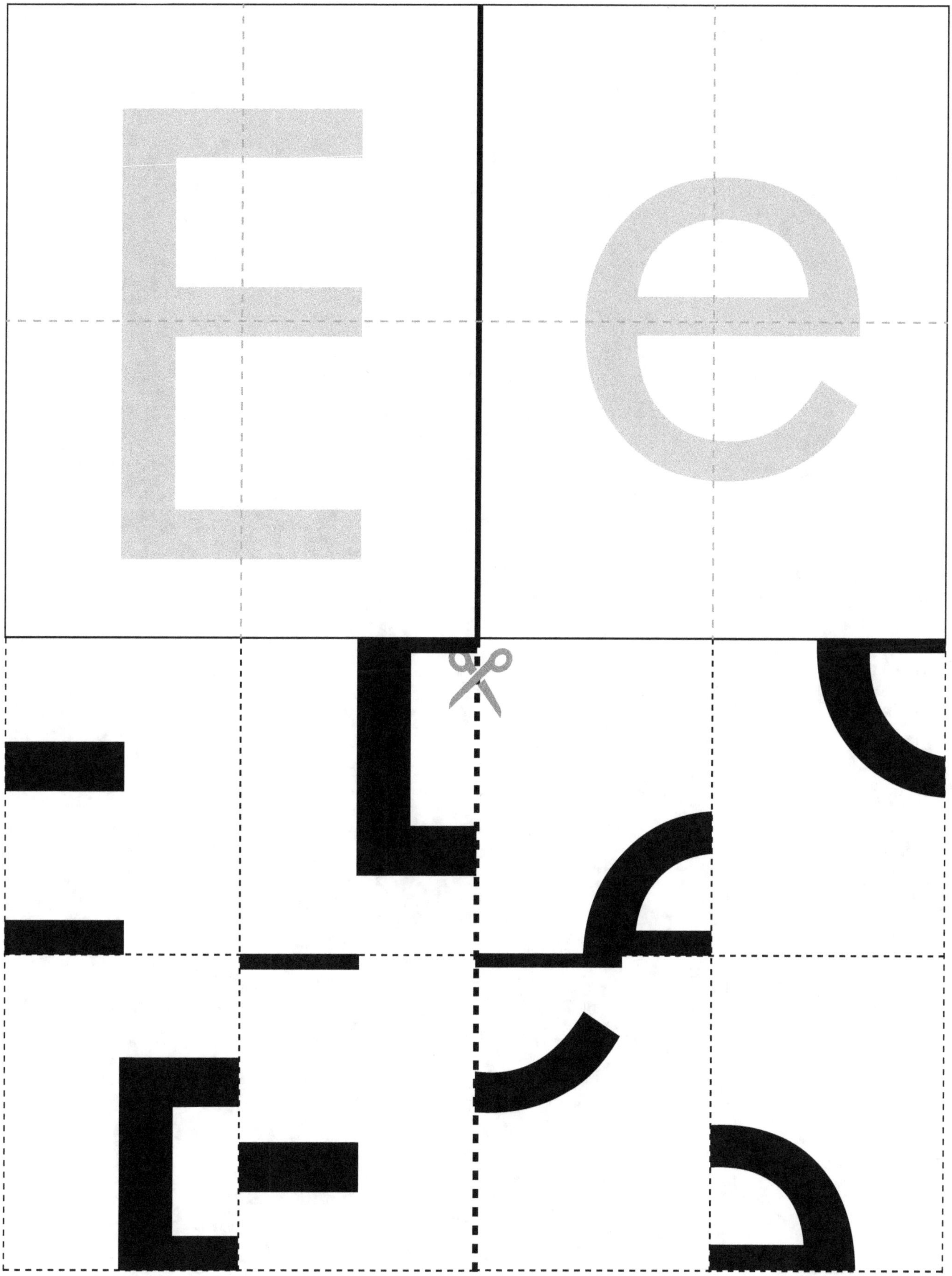

Color the letter

Color the letter

F

f

Trace the letter

Trace the letter

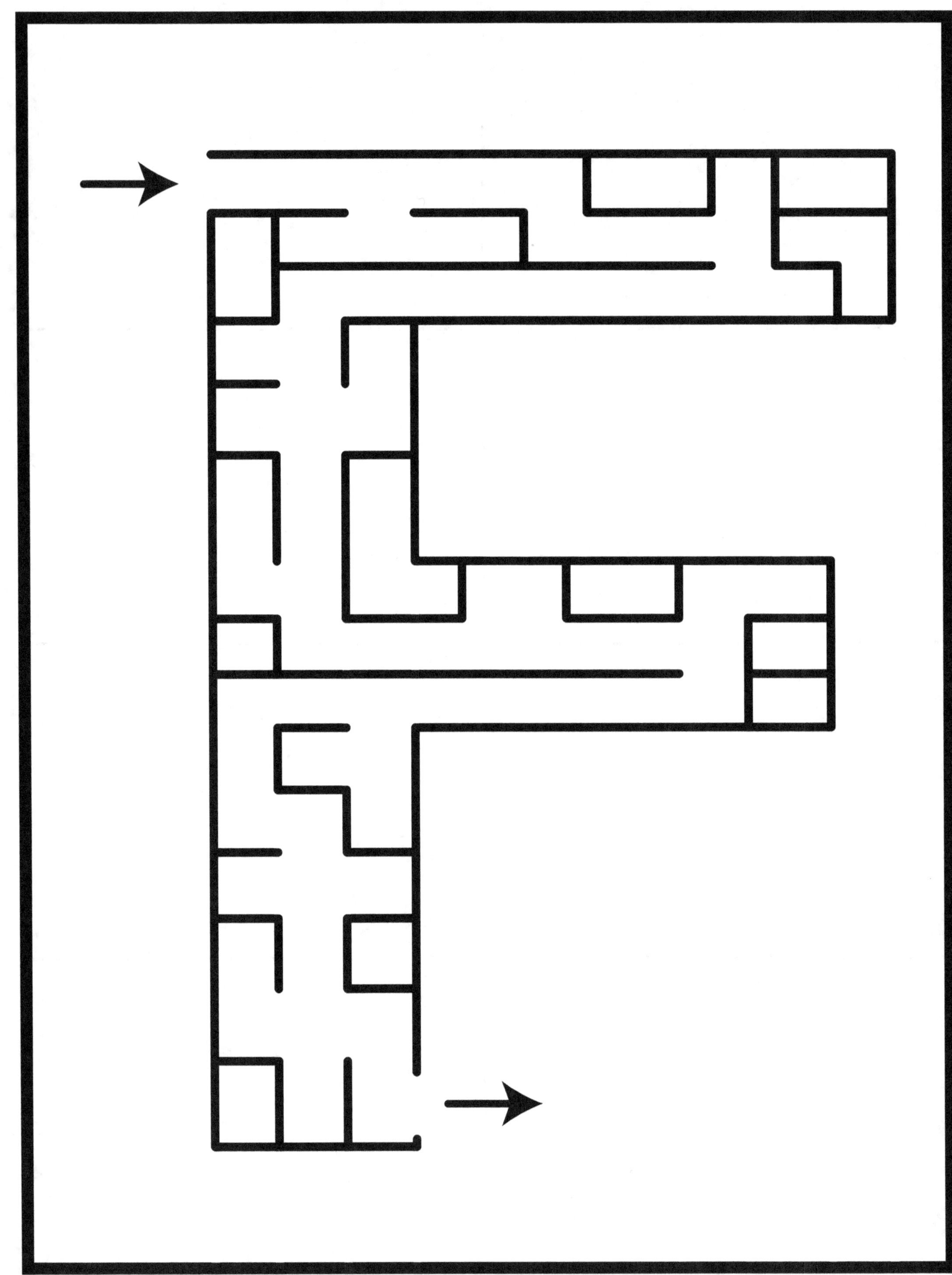

Trace the uppercase and lowercase Ff
to find your way through the maze

START

G	W	f	i	K	a
a	d	F	H	e	w
q	G	f	i	g	a
B	u	f	F	f	C
J	T	S	z	F	V
o	p	R	M	F	i
K	U	e	Z	f	n

FINISH

F F F F F F

F F F F F F

F F F F F F

F F F F F F

f f f f f f

f f f f f f

f f f f f f

f f f f f f

Cut and build the letters 

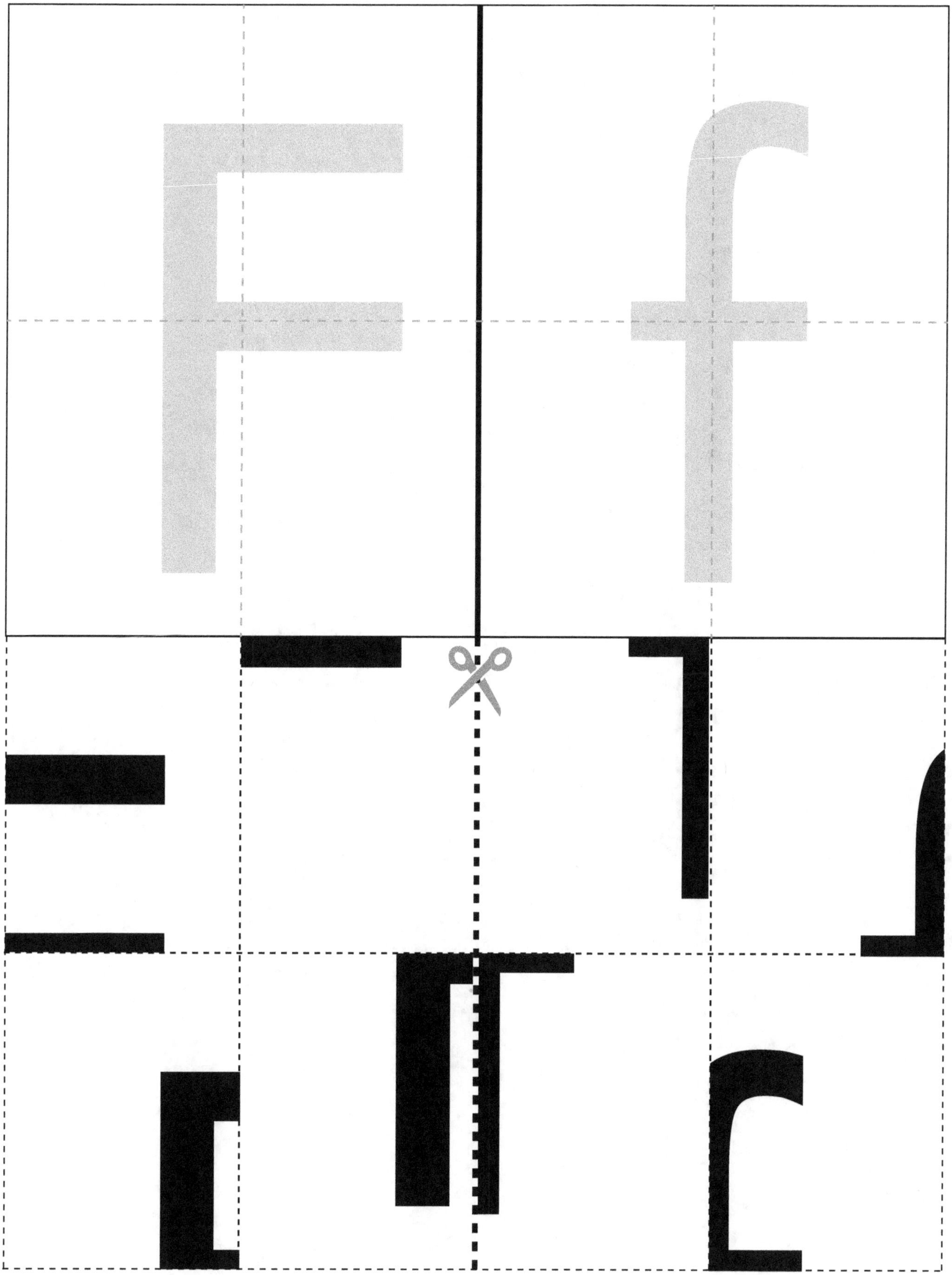

Color the letter

Color the letter

Trace the letter

Trace the letter

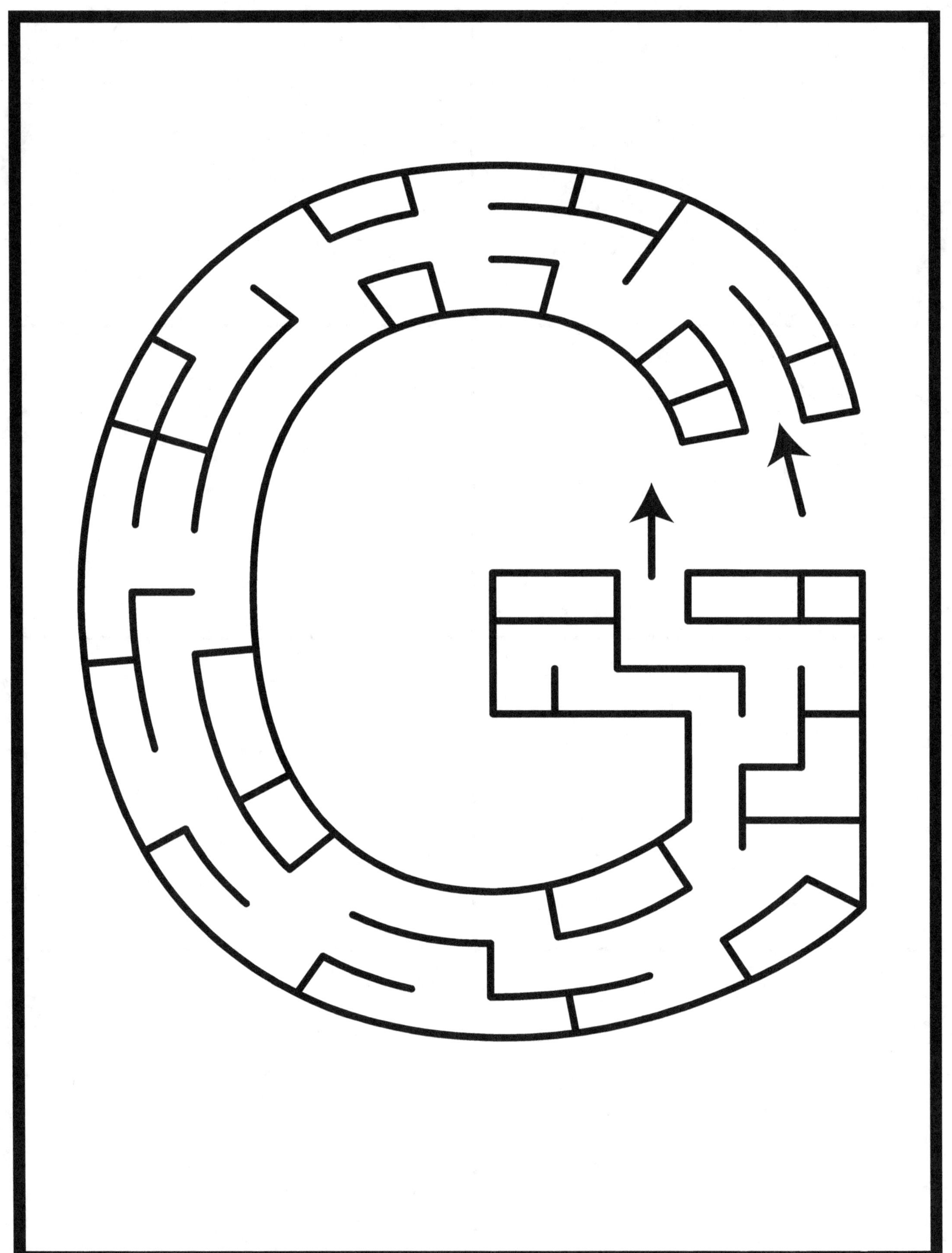

Trace the uppercase and lowercase Gg to find your way through the maze

START

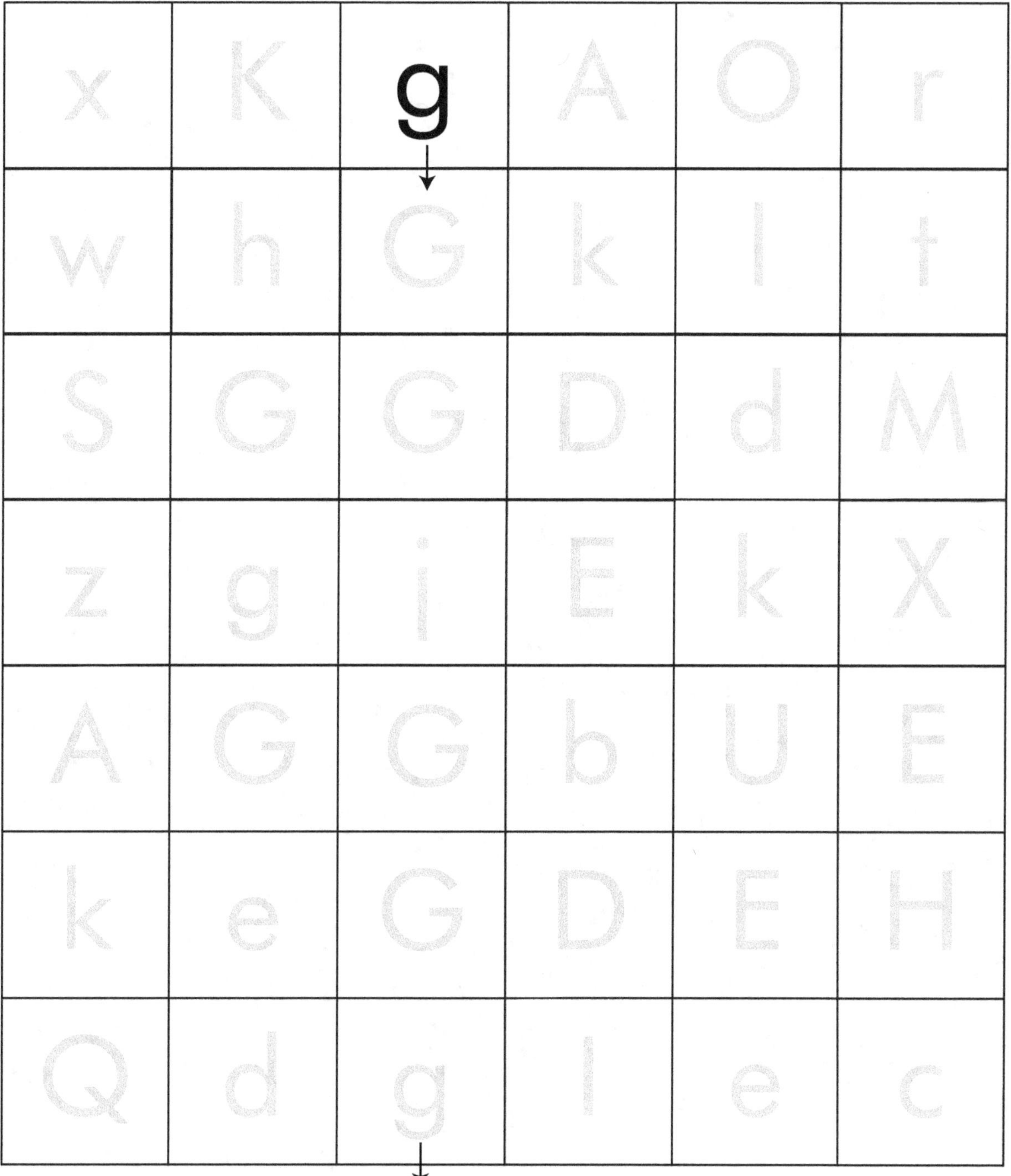

FINISH

Cut and build the letters 

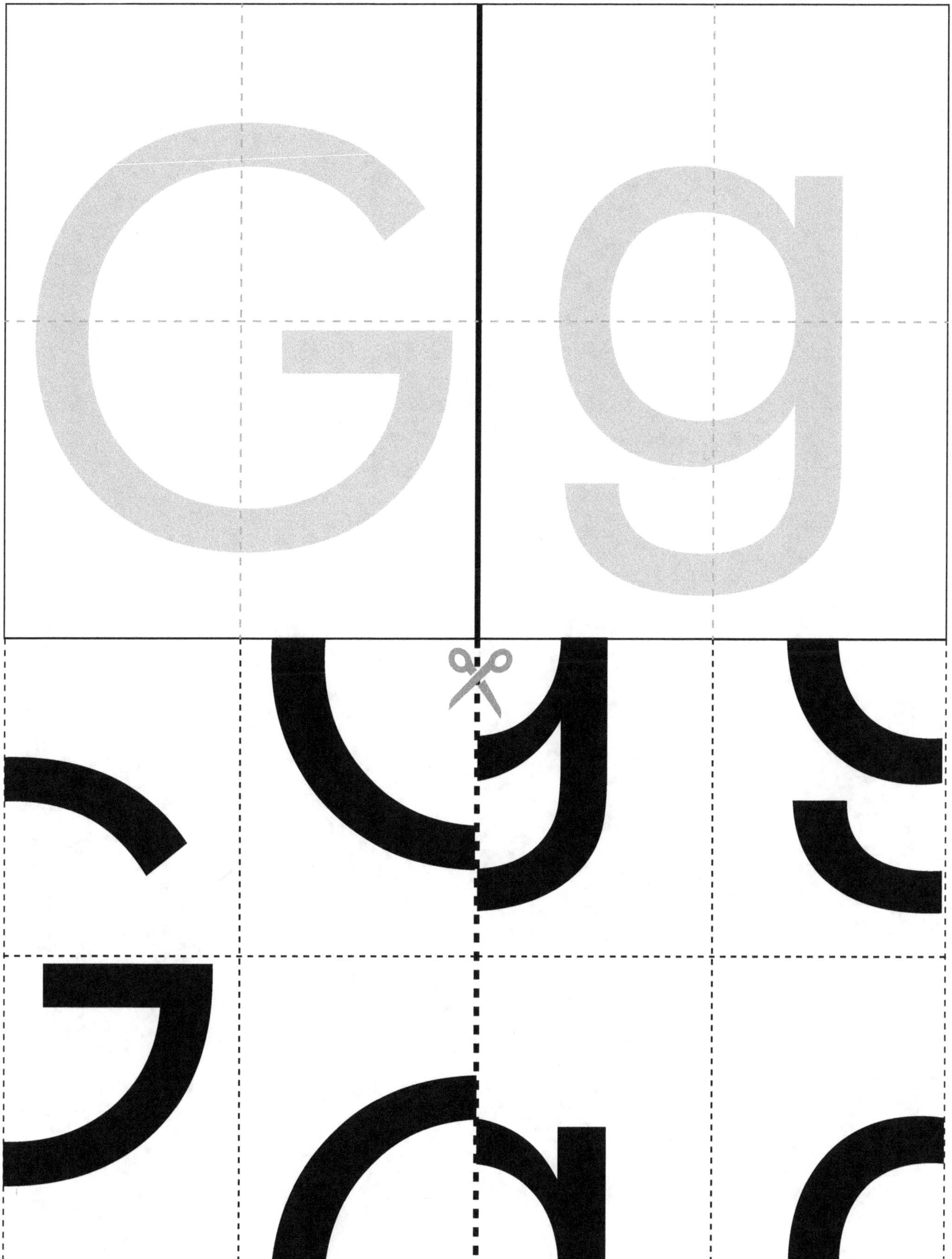

Color the letter	Color the letter
H	h

Trace the letter	Trace the letter
H	h

Hh

Hh

Hh

Hh

Hh

Hh

Hh

Hh

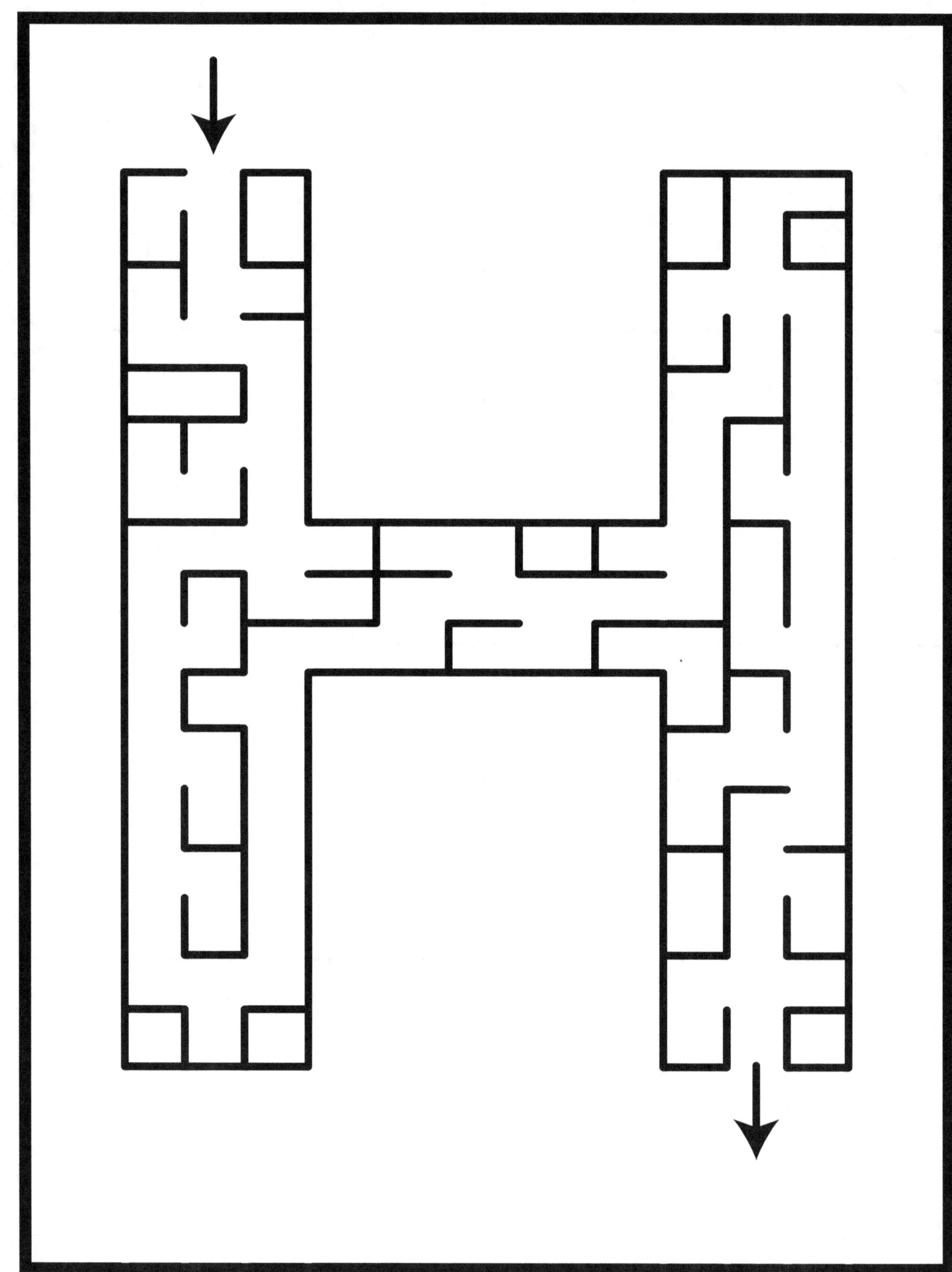

Trace the uppercase and lowercase Hh
to find your way through the maze

START

c	N	S	O	X	h
w	h	G	k	l	h
S	G	G	H	h	H
z	g	i	H	k	X
A	G	G	h	U	E
k	h	H	H	E	Z
Q	h	g	l	e	c

FINISH

H H H H H H H

H H H H H H H

H H H H H H H

H H H H H H H

h h h h h h

h h h h h h

h h h h h h

h h h h h h

Cut and build the letters 

Color the letter	Color the letter
Trace the letter	**Trace the letter**

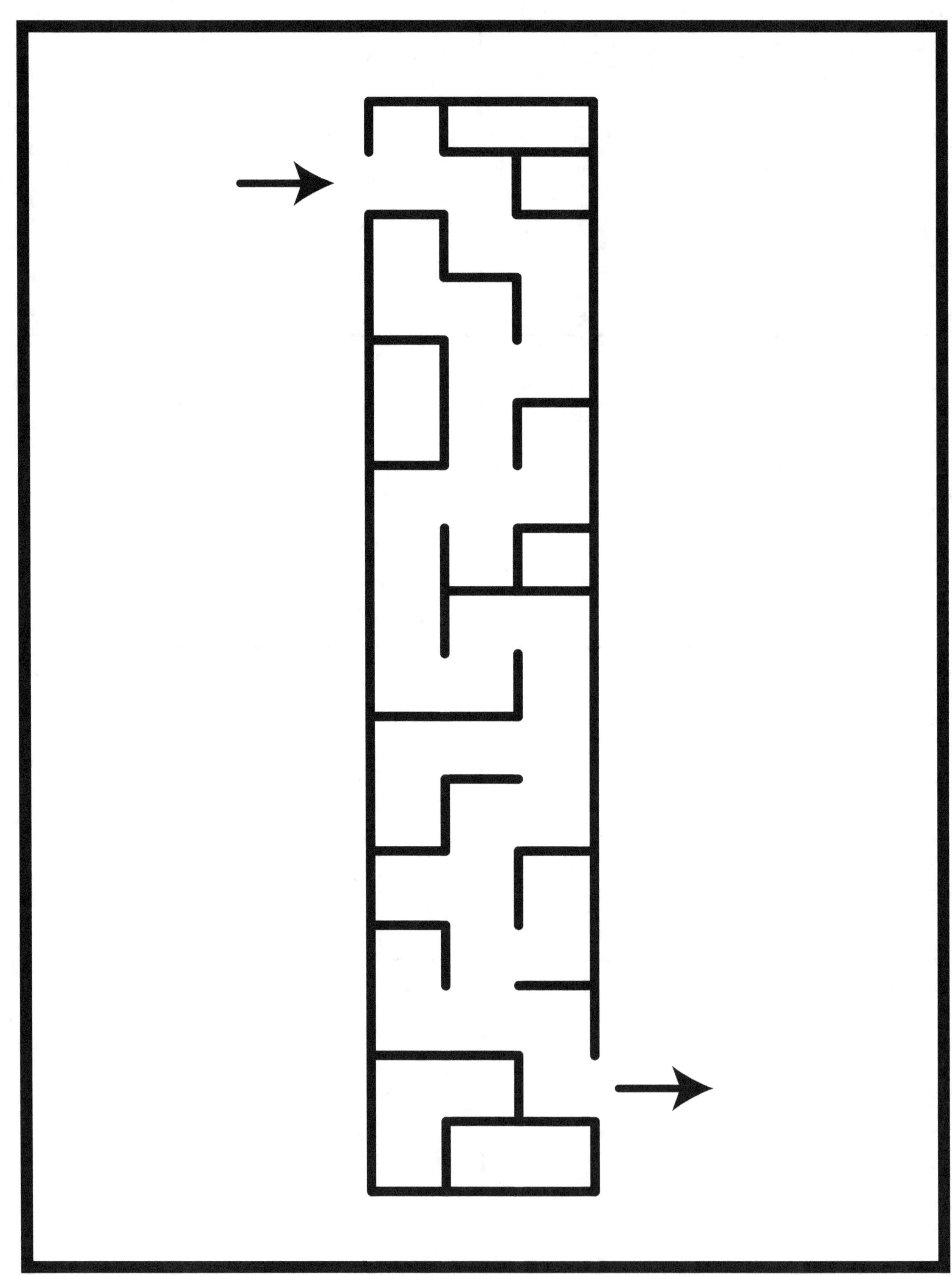

Trace the uppercase and lowercase Ii
to find your way through the maze

START

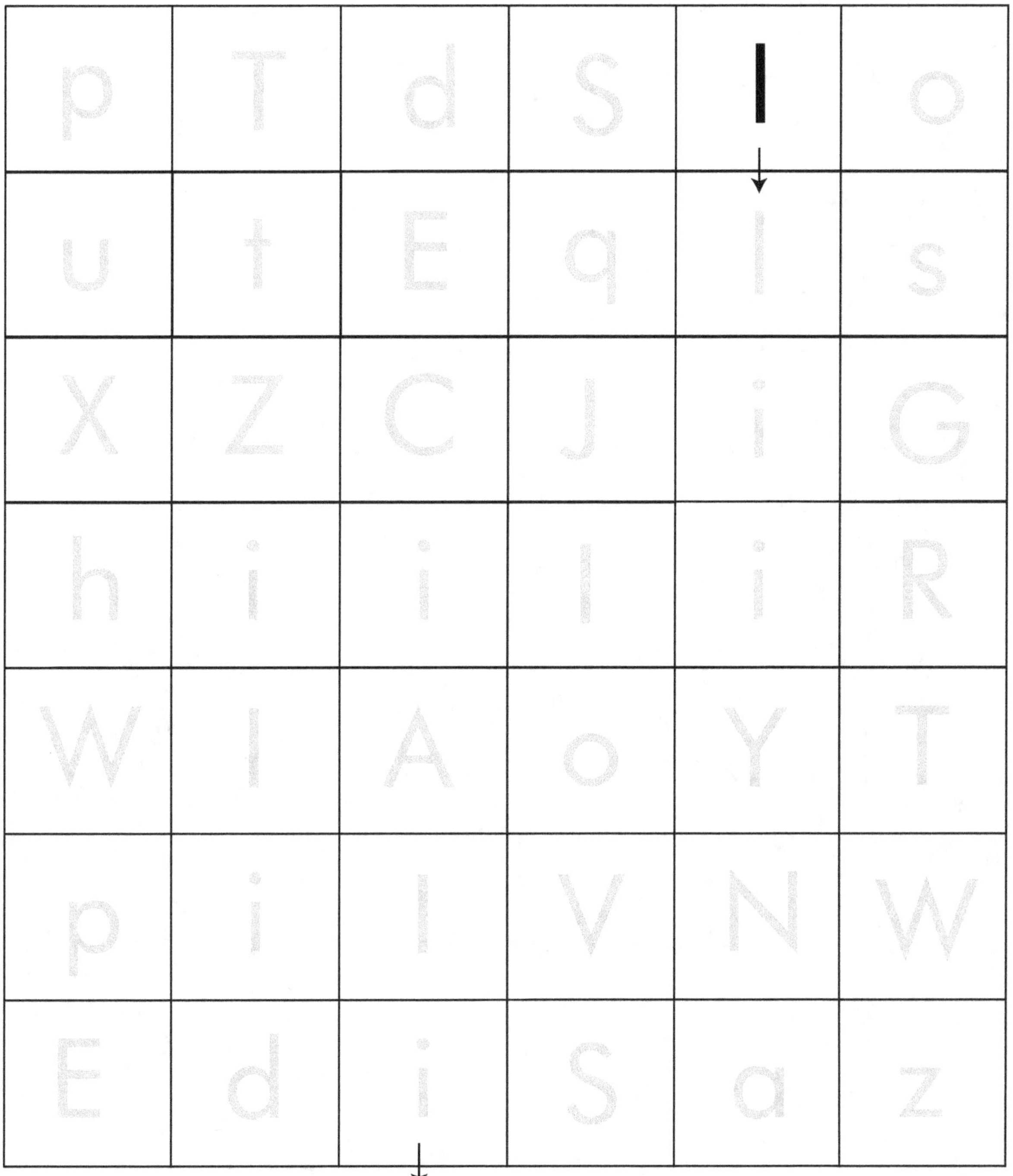

FINISH

Cut and build the letters 

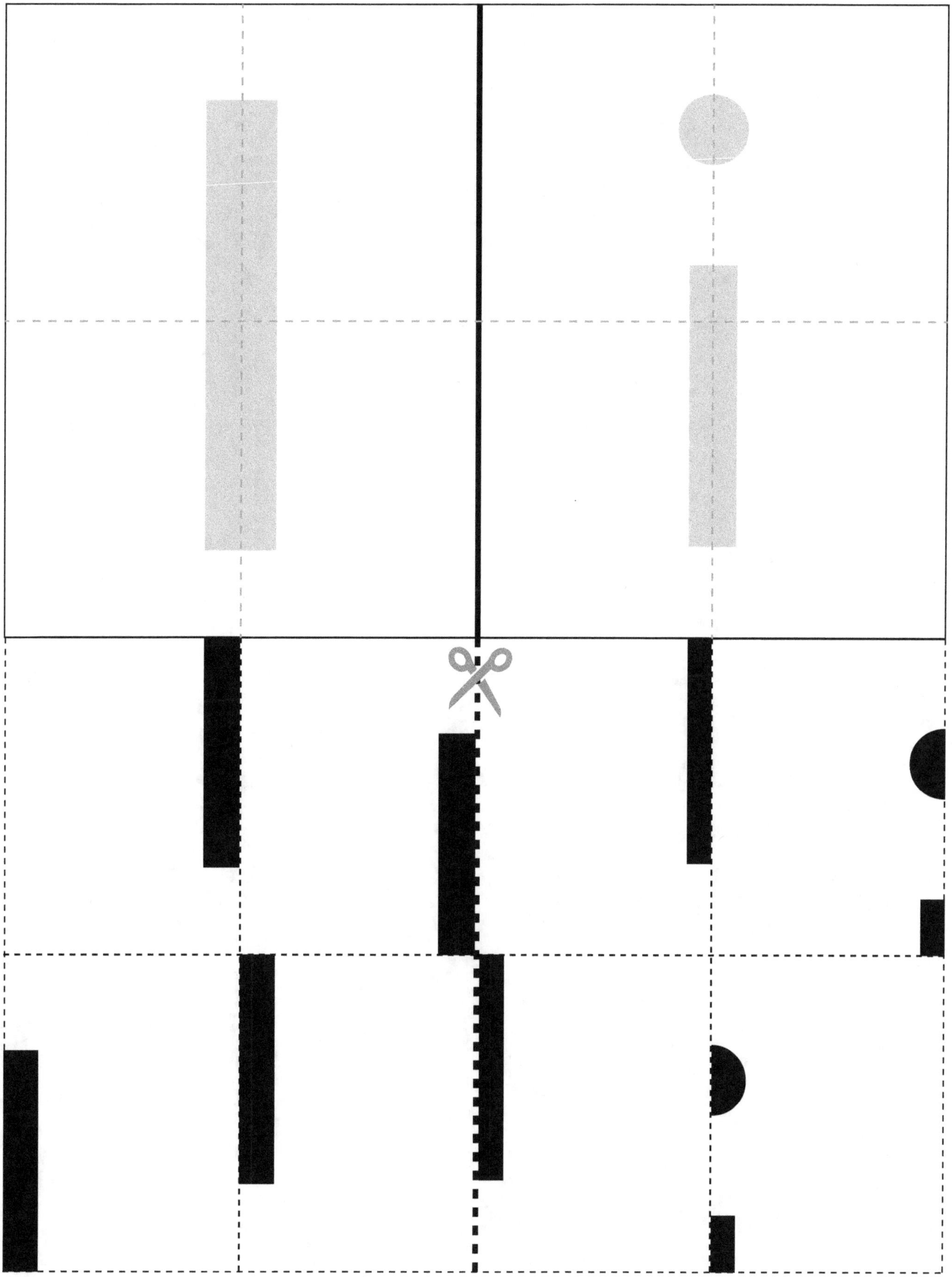

Color the letter
Color the letter
Trace the letter
Trace the letter

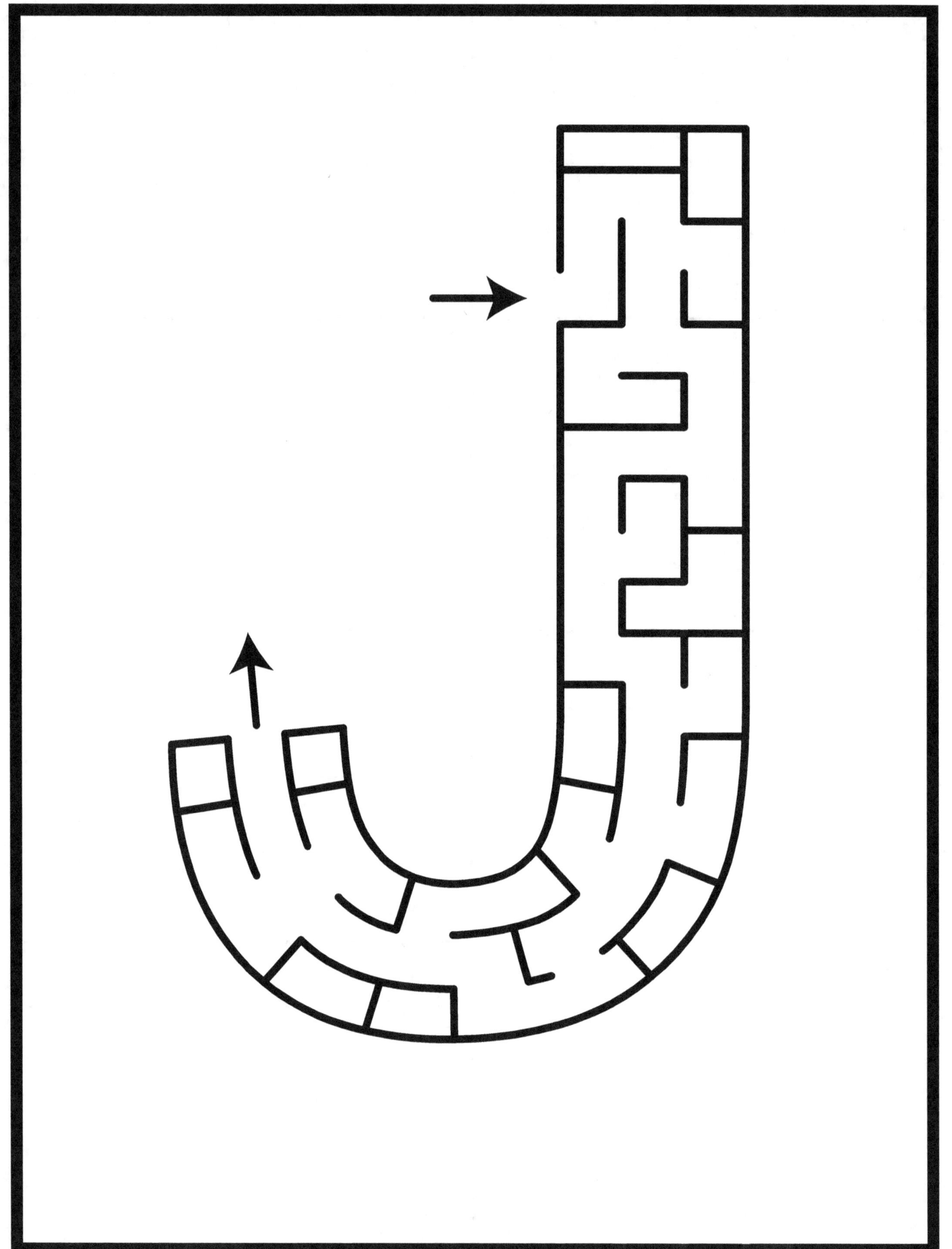

Trace the uppercase and lowercase Jj
to find your way through the maze

START

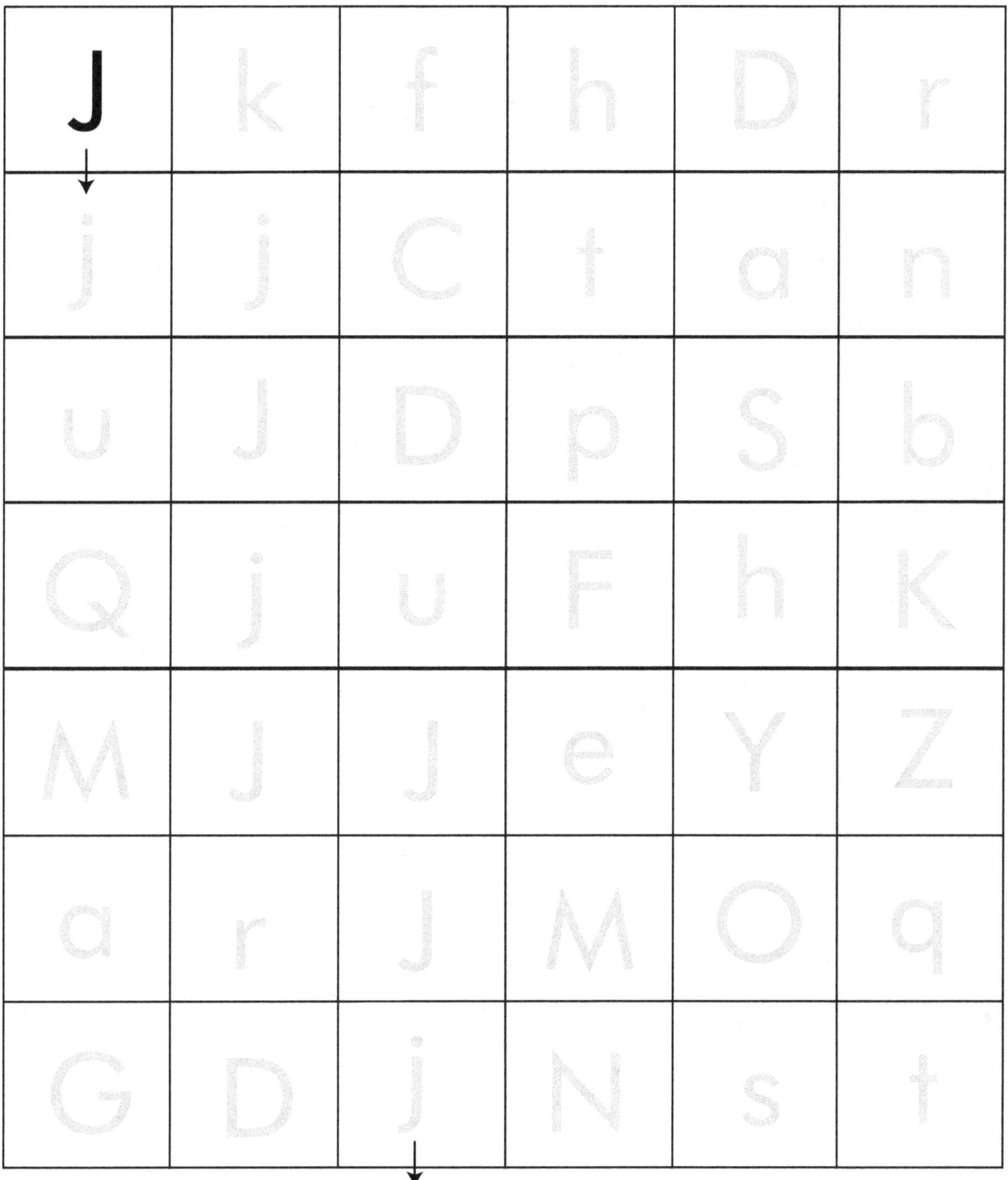

FINISH

Cut and build the letters 

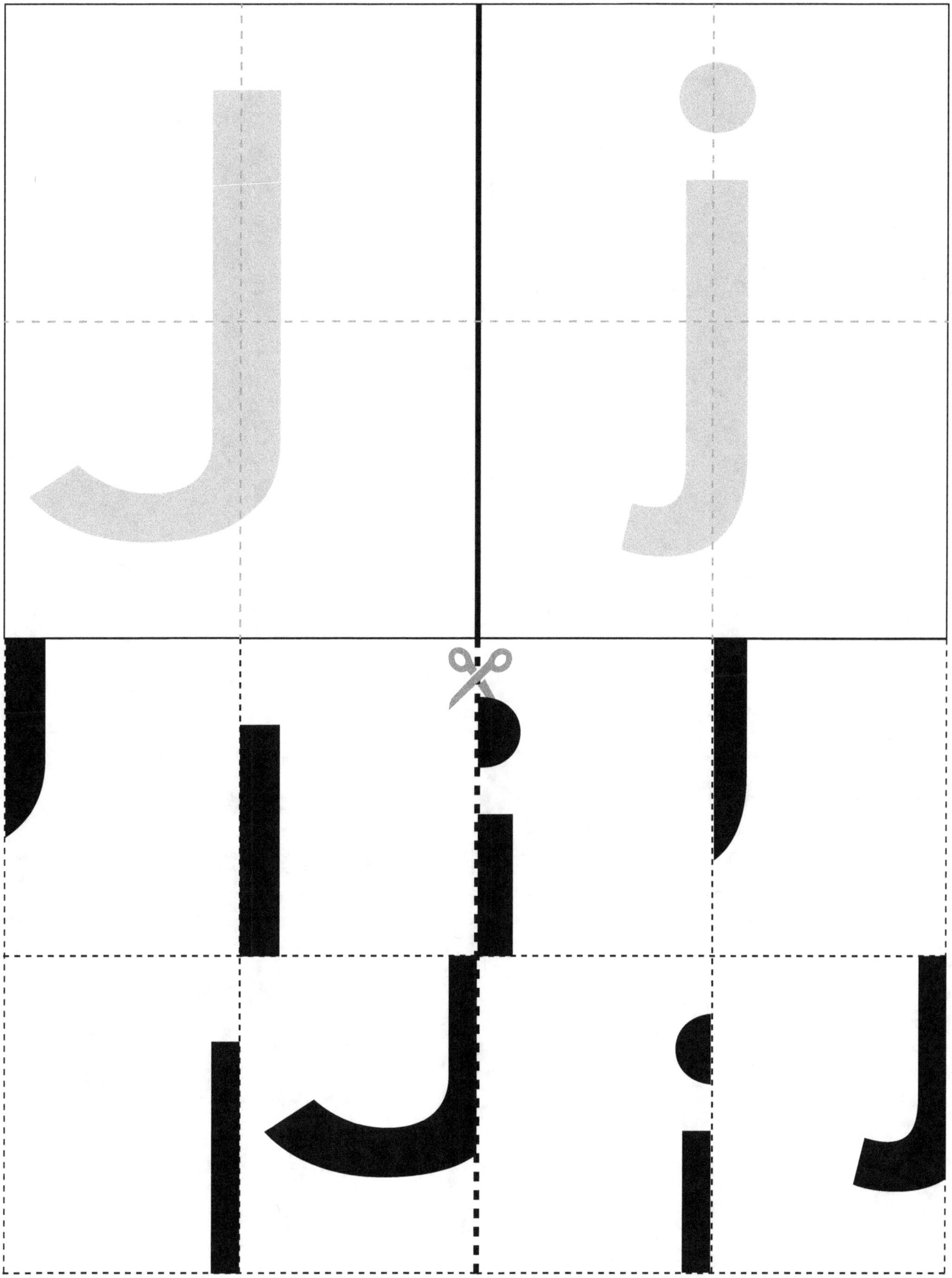

Color the letter	Color the letter
K	k

Trace the letter	Trace the letter

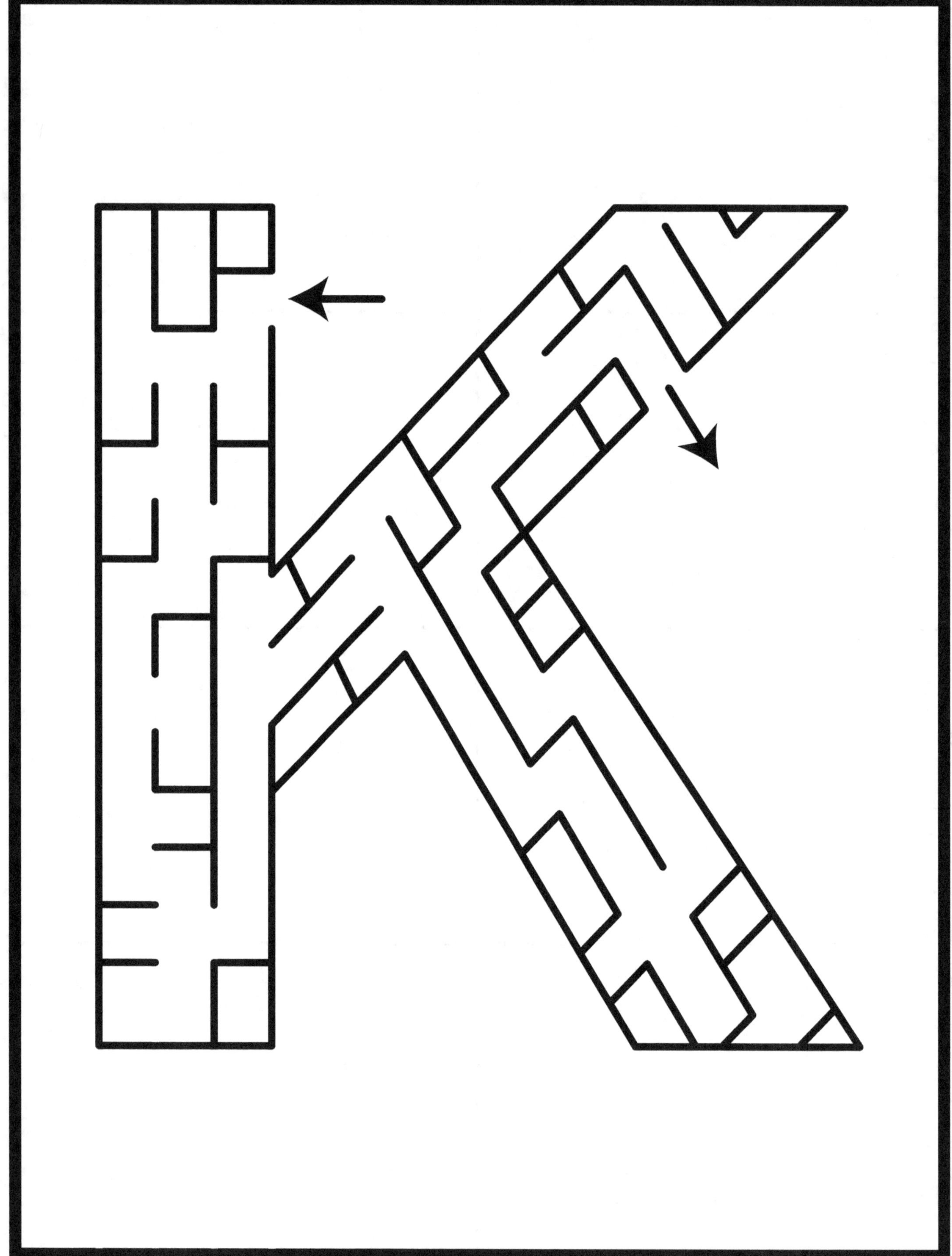

Trace the uppercase and lowercase Kk
to find your way through the maze

START

D	u	n	k	e	l
d	m	C	K	a	P
q	K	K	k	Z	H
D	k	n	O	m	l
C	K	K	k	D	w
a	s	R	K	Y	c
E	R	D	K	x	v

FINISH

Cut and build the letters 

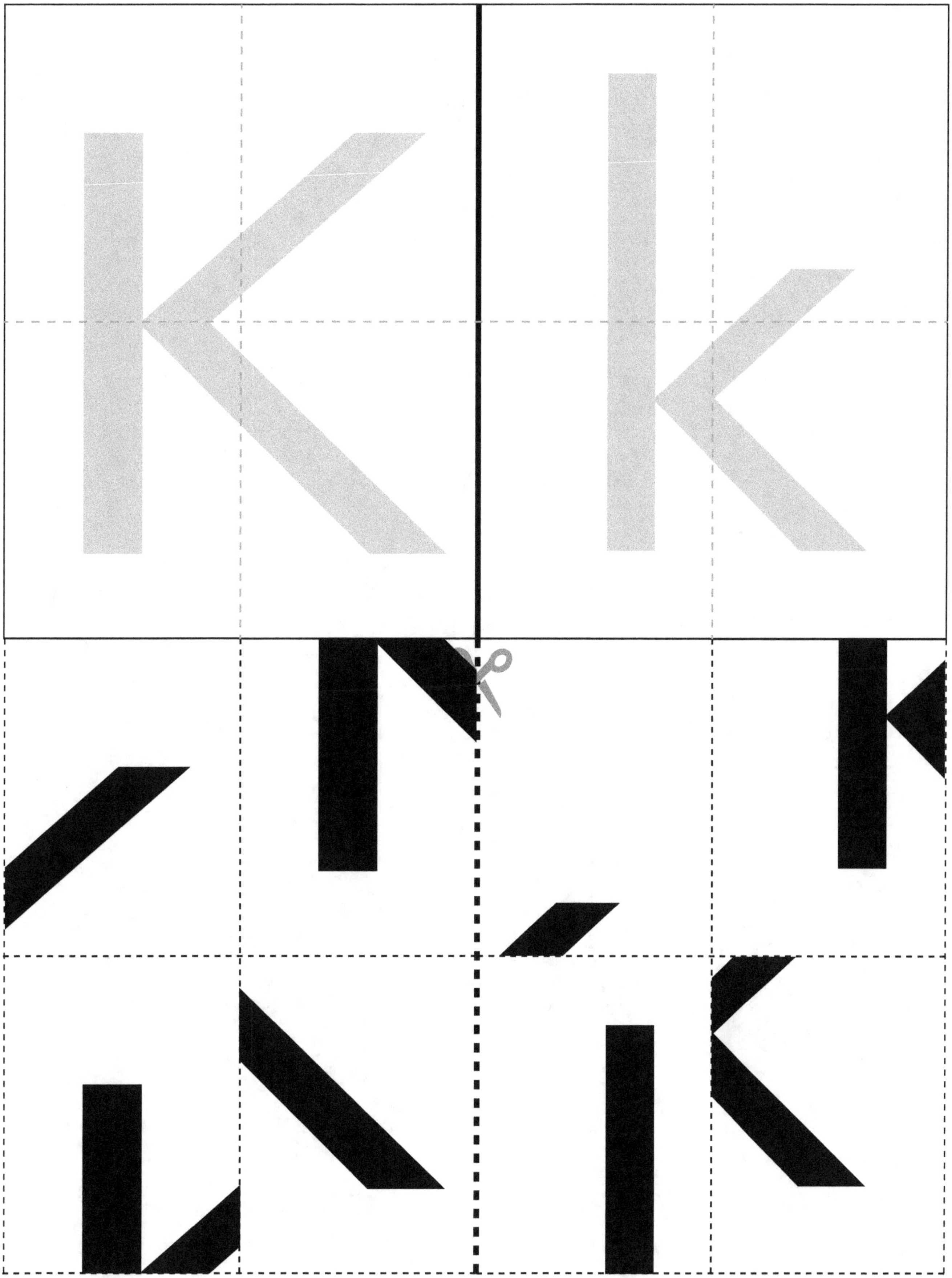

Color the letter	*Color the letter*
Trace the letter	*Trace the letter*

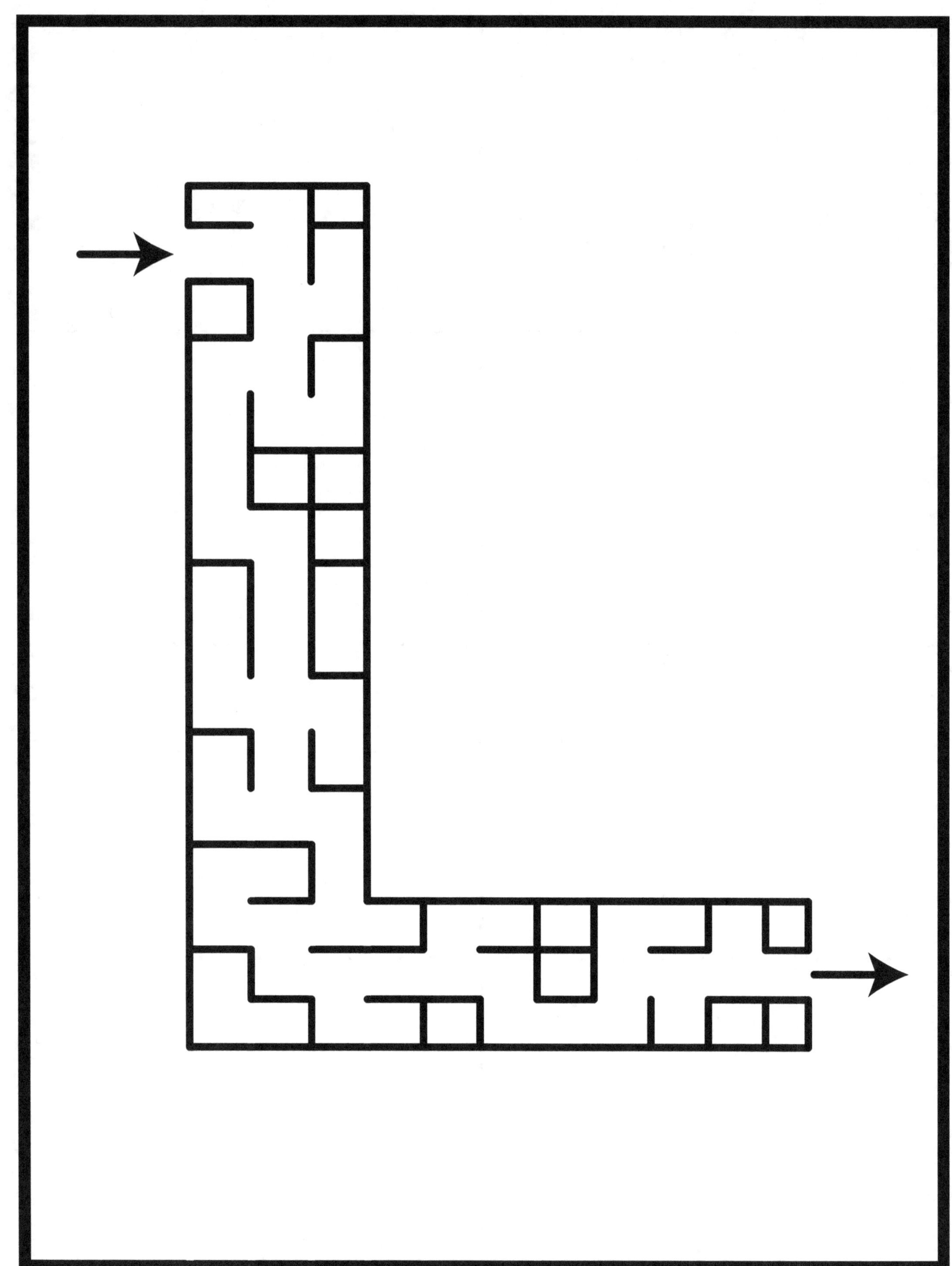

Trace the uppercase and lowercase Ll
to find your way through the maze

START

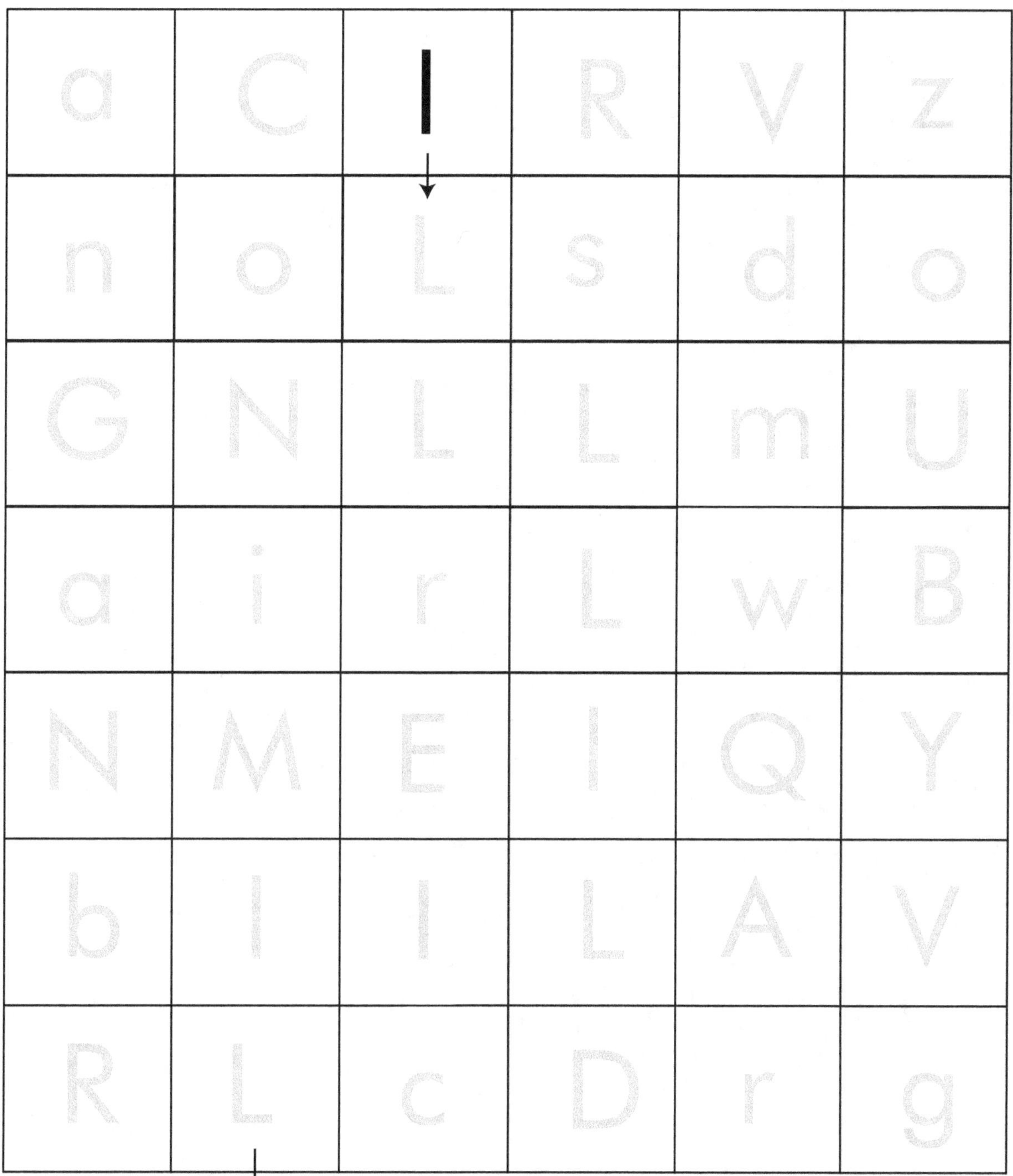

FINISH

Cut and build the letters 

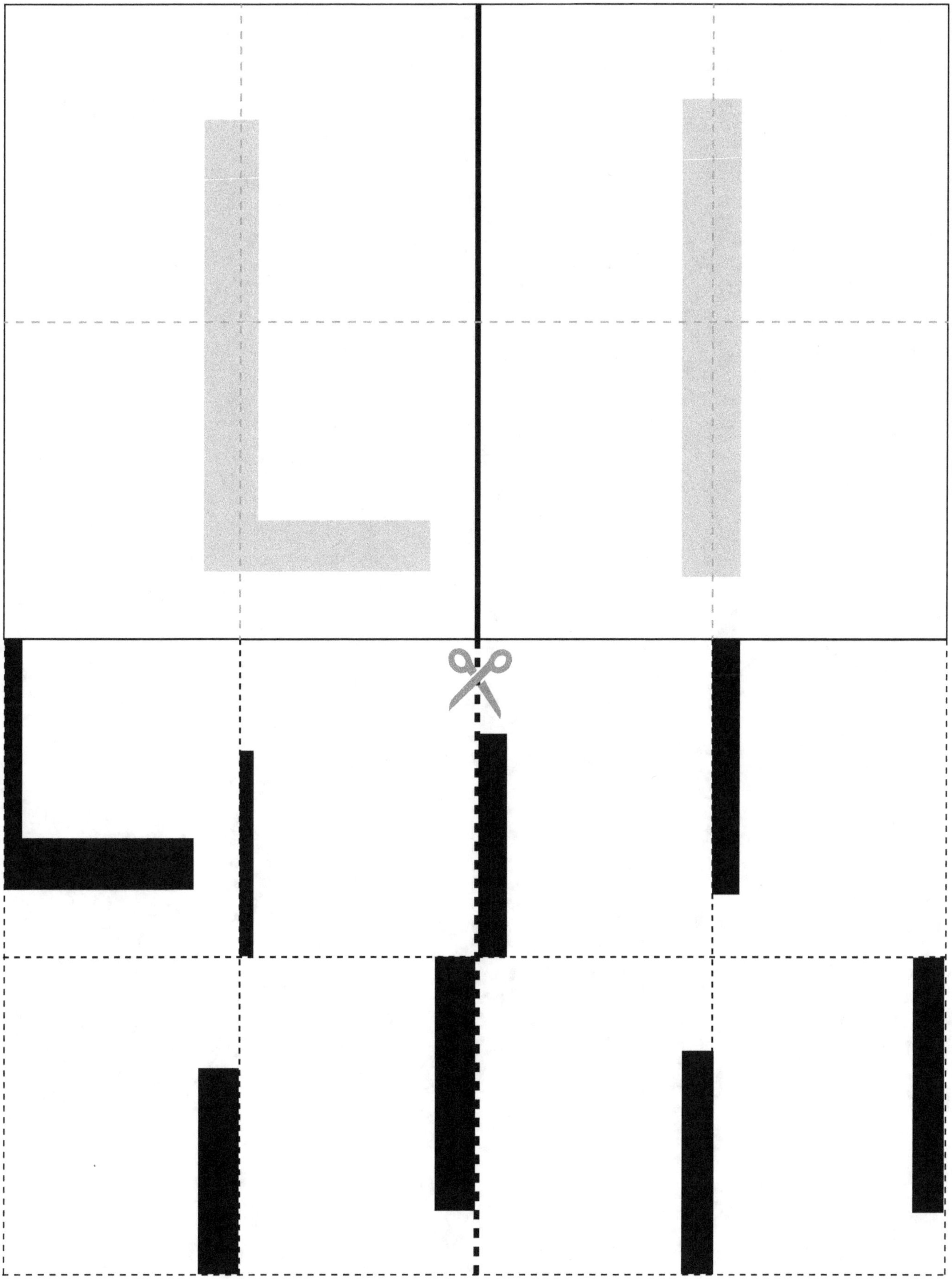

Color the letter	Color the letter
M	**m**
Trace the letter	**Trace the letter**
M	m

Mm Mm

Mm Mm

Mm Mm

Mm Mm

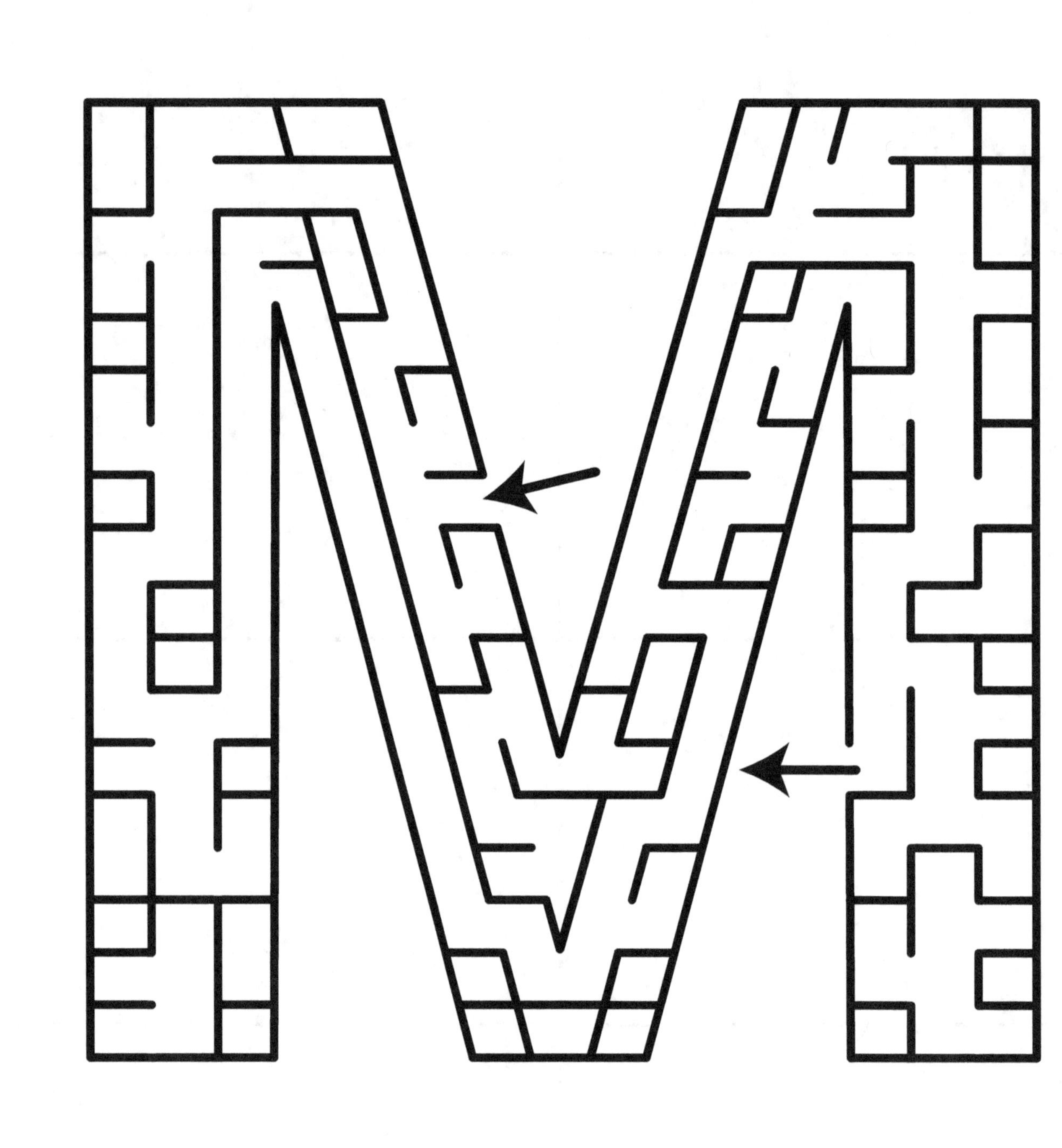

Trace the uppercase and lowercase Mm
to find your way through the maze

START

N	s	g	**m**	w	i
h	t	A	M	u	G
o	Q	U	m	M	Z
D	p	f	B	m	Y
J	W	Z	s	M	M
h	g	R	V	E	m
K	L	C	Z	k	m

FINISH

M M M M M M M

M M M M M M M

M M M M M M M

M M M M M M M

m m m m m m

m m m m m m

m m m m m m

m m m m m m

Cut and build the letters 

Color the letter	Color the letter
N	n
Trace the letter	Trace the letter

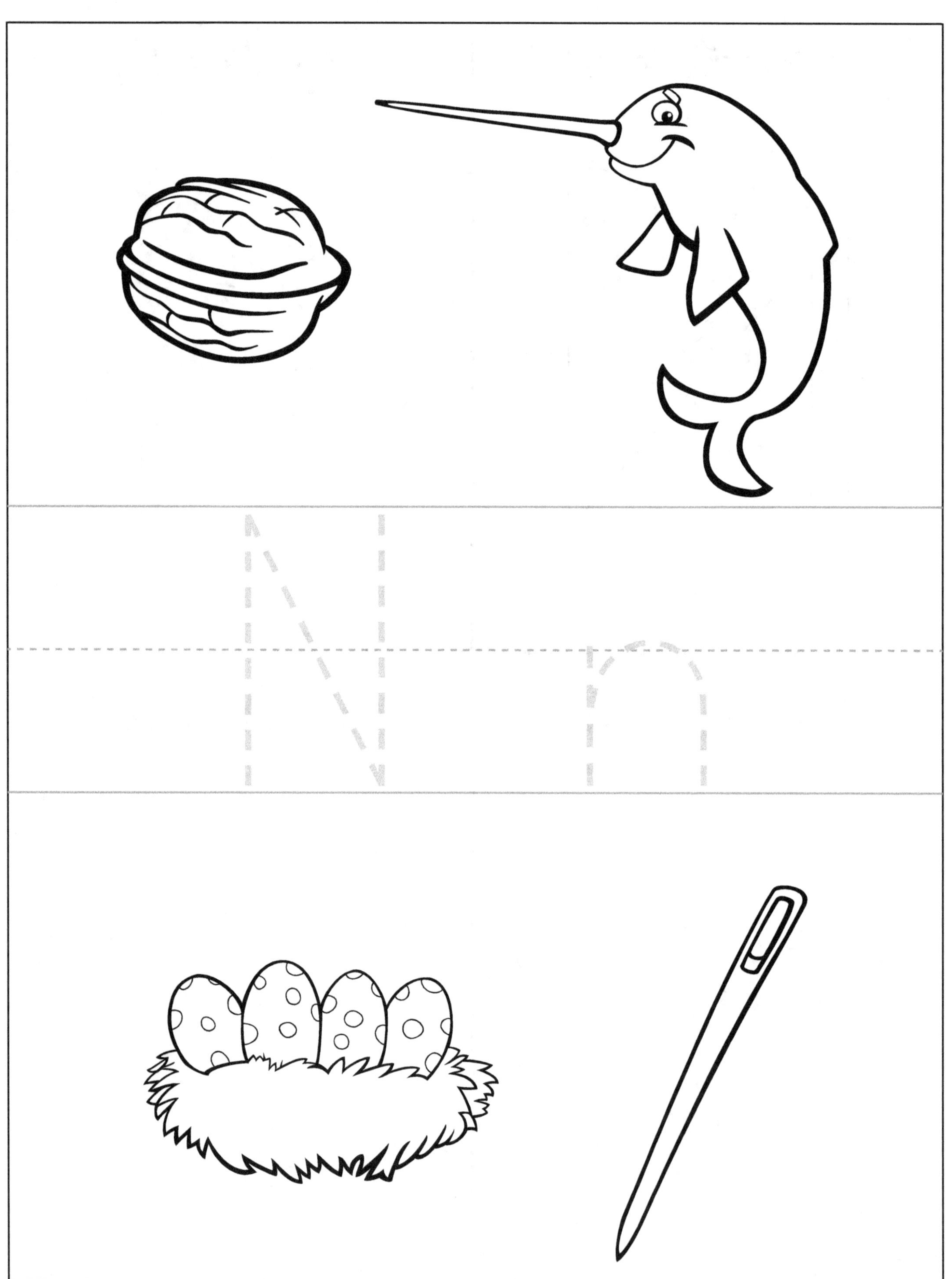

N n

N n

N n

N n

N n

N n

N n

N n

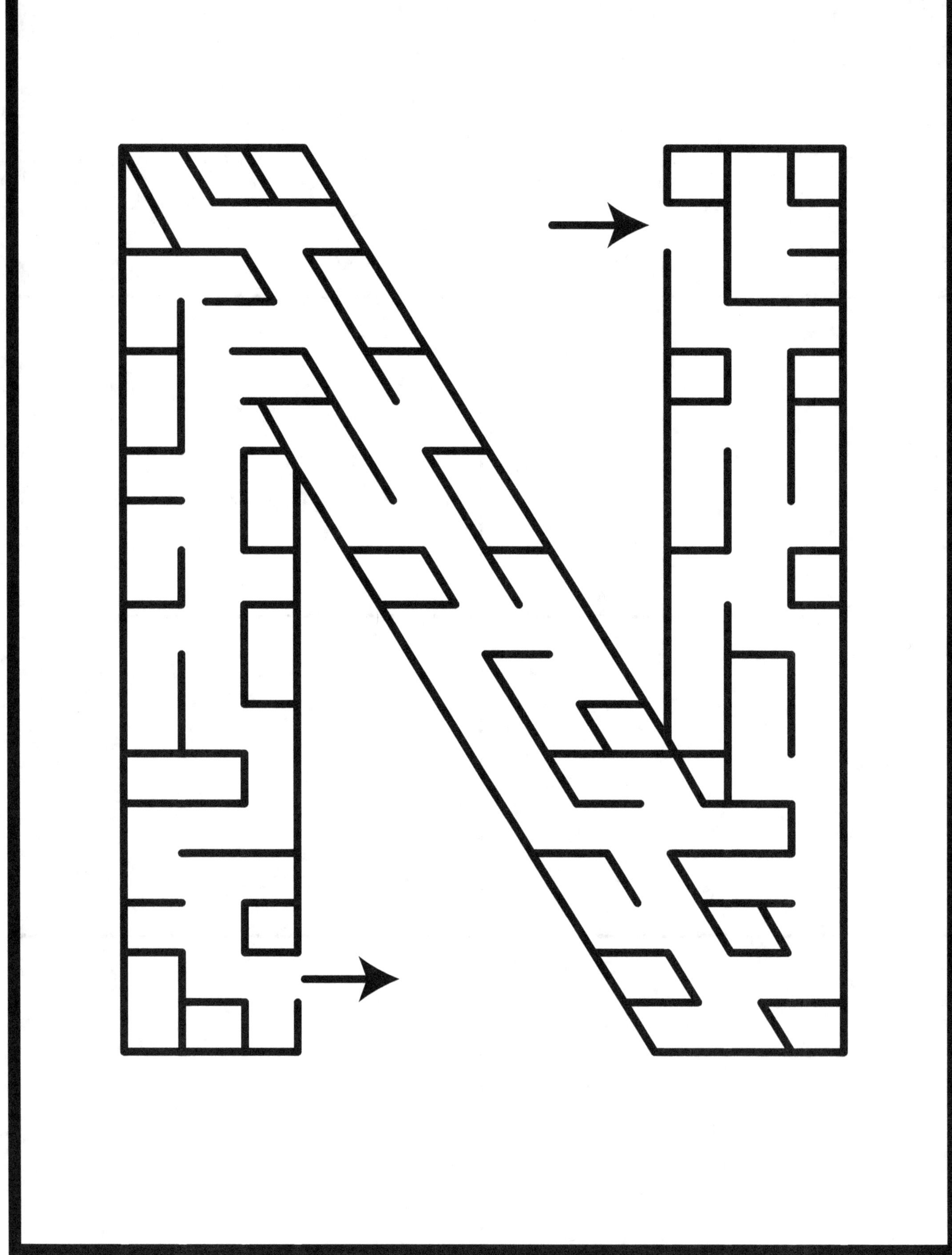

Trace the uppercase and lowercase Nn
to find your way through the maze

START

g	N	r	H	J	m
f	n	H	r	k	s
K	N	A	E	m	T
a	n	b	D	y	G
J	N	N	n	N	P
q	b	V	W	N	X
F	y	g	R	n	z

FINISH

Cut and build the letters 

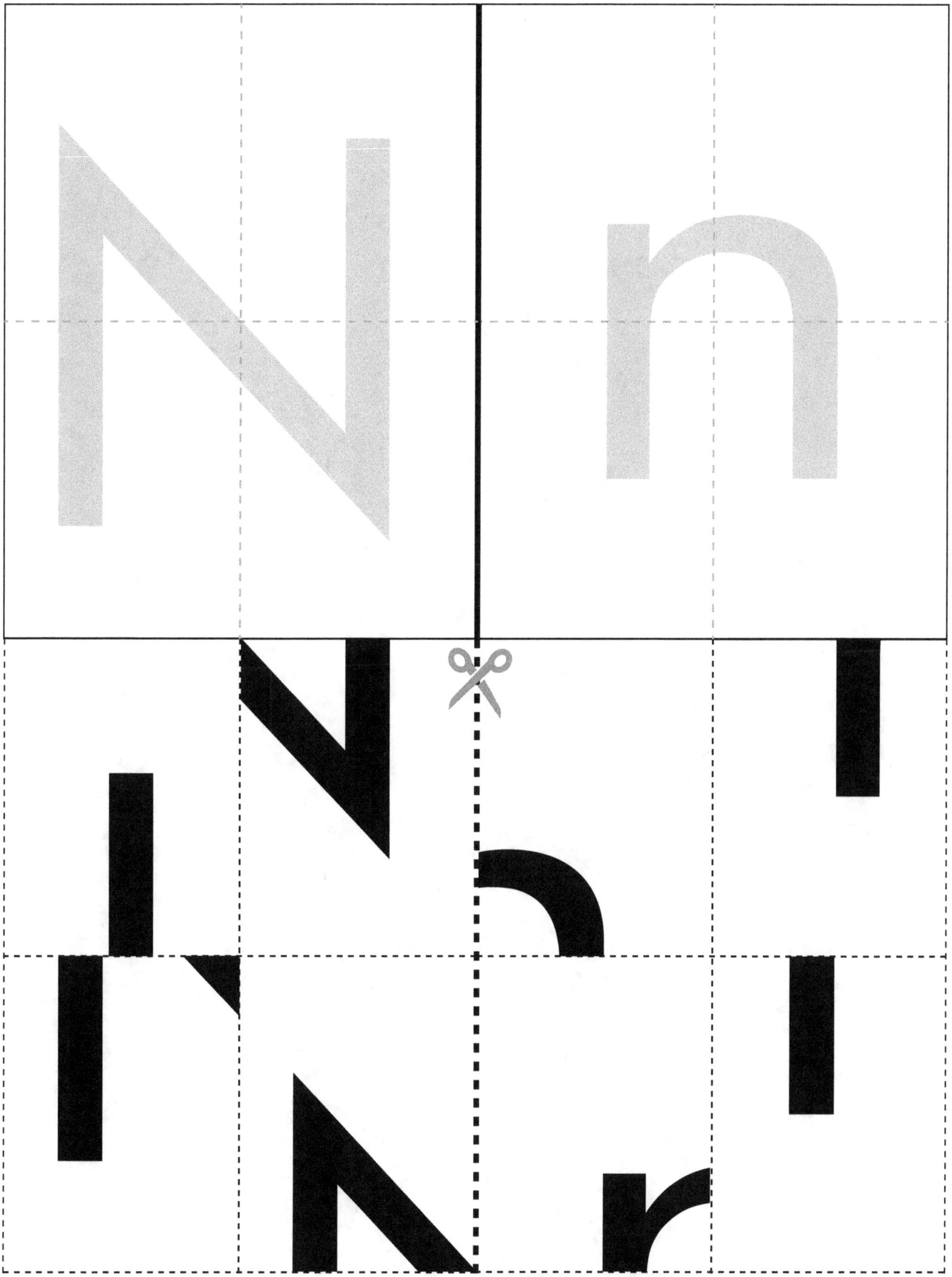

Color the letter

Color the letter

Trace the letter

Trace the letter

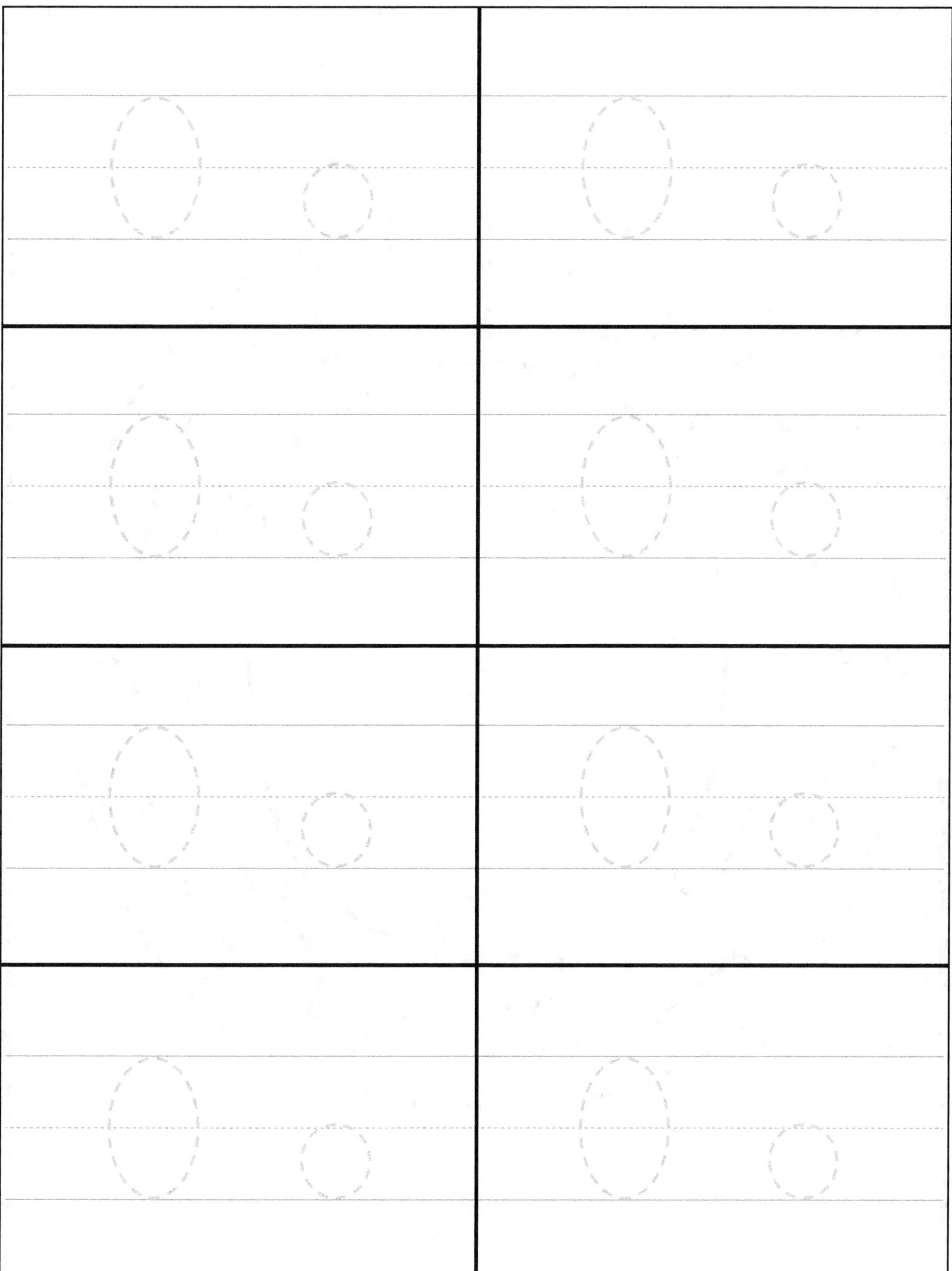

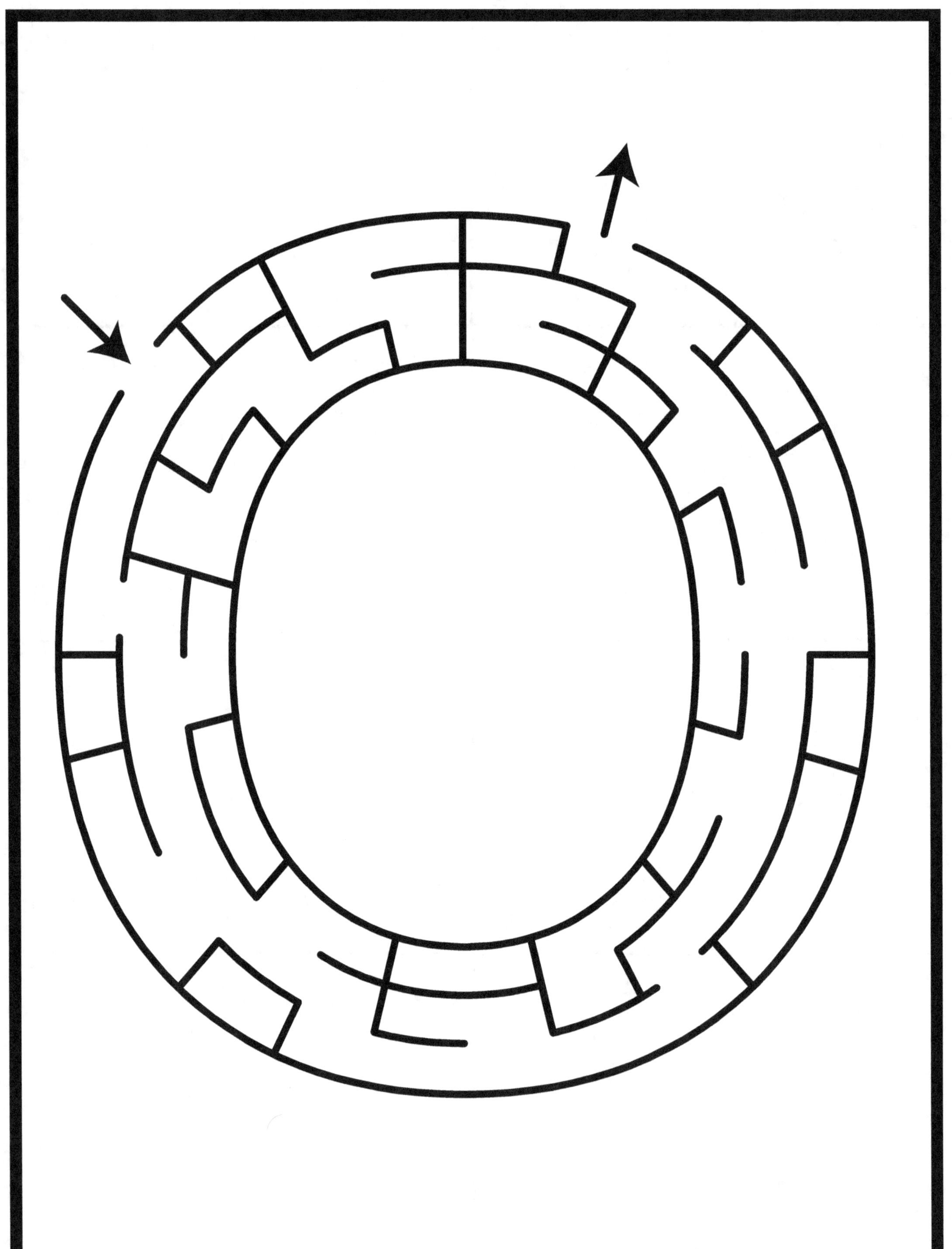

Trace the uppercase and lowercase Oo to find your way through the maze

START

p	T	d	S	O	n
v	d	O	o	o	c
R	T	O	K	I	U
a	q	o	O	n	M
C	F	D	o	K	L
x	z	B	O	H	T
S	v	d	O	z	a

FINISH

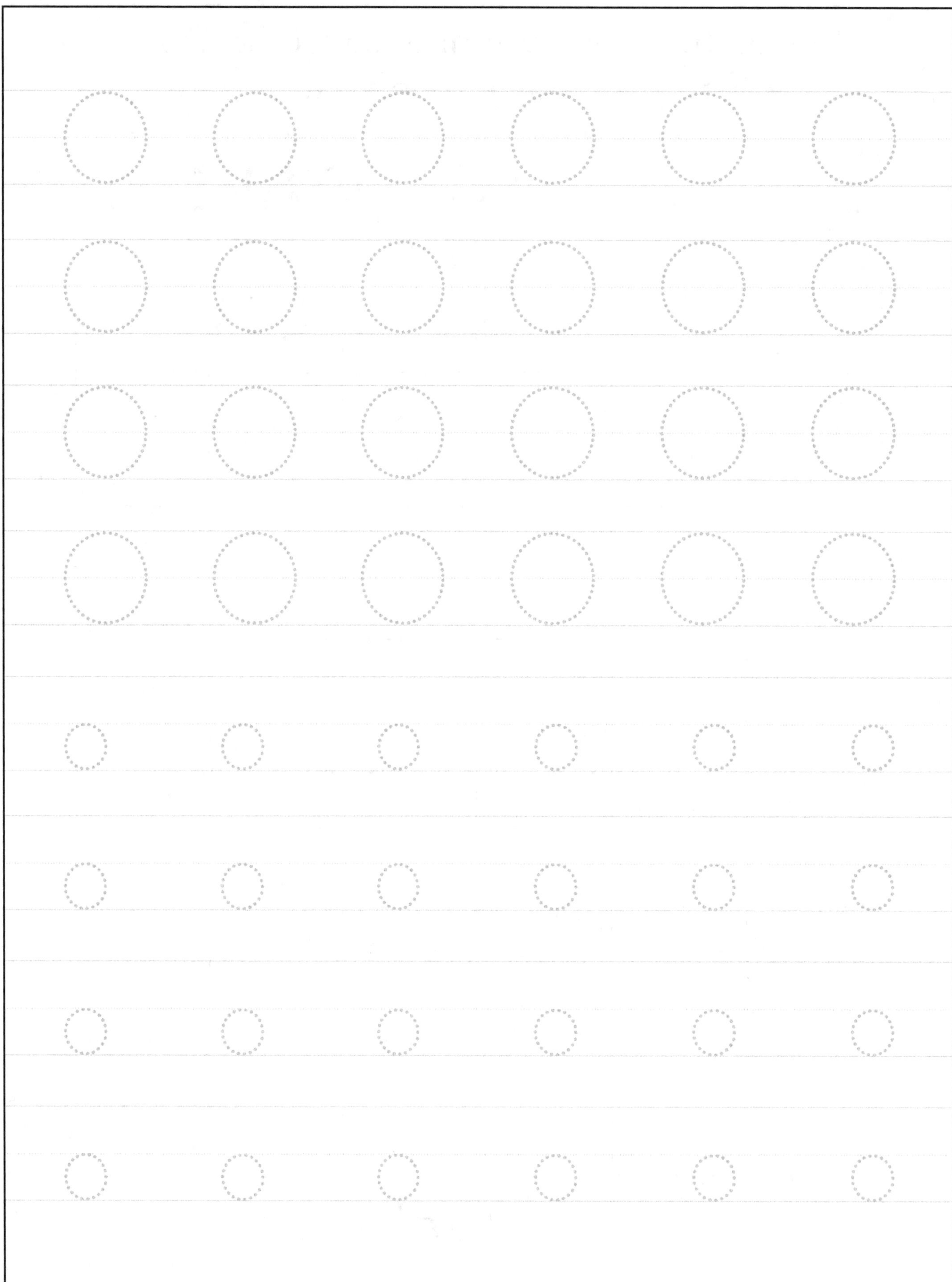

Cut and build the letters 

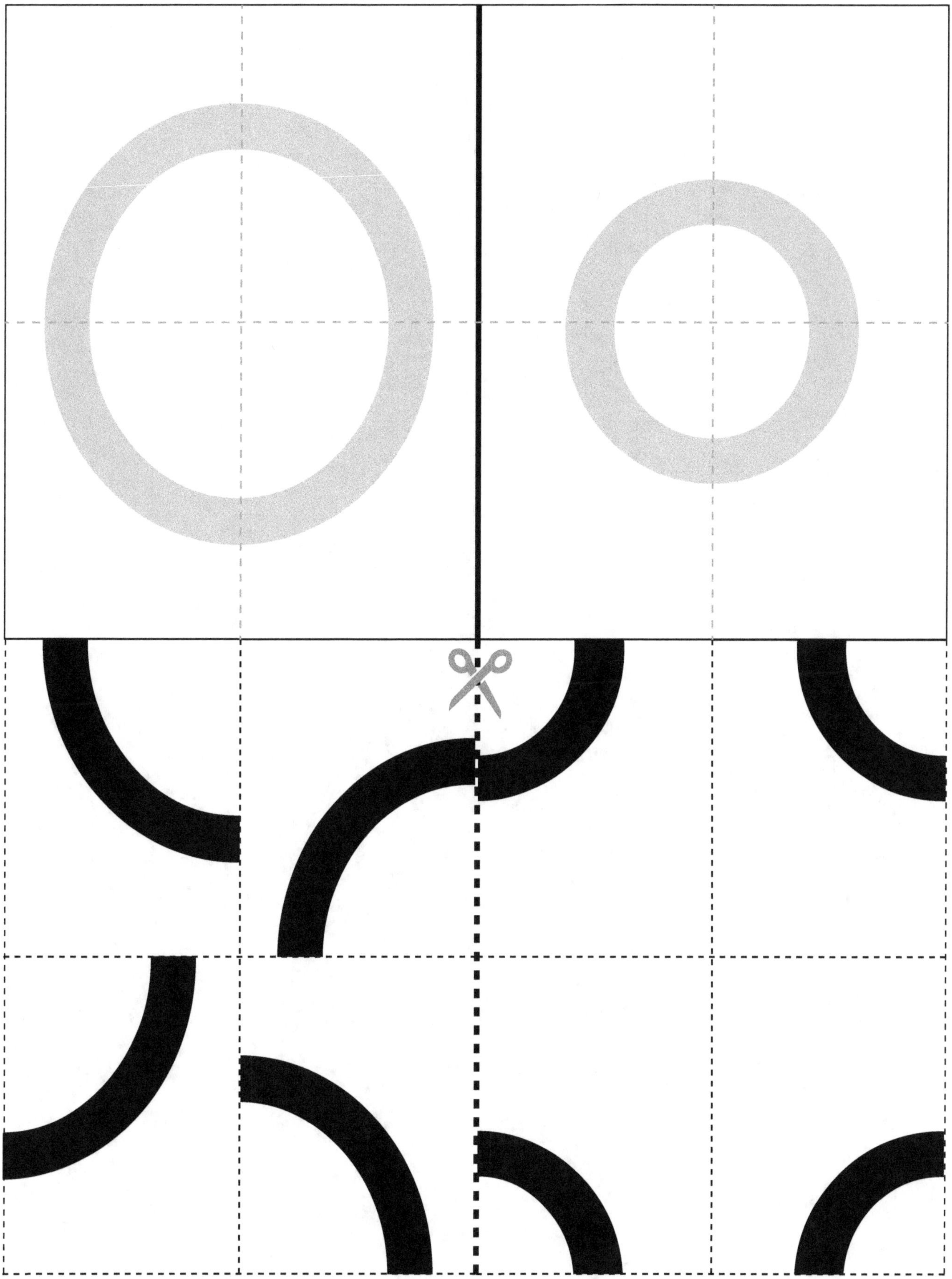

Color the letter
Color the letter
Trace the letter
Trace the letter

Pp

Pp

Pp

Pp

Pp

Pp

Pp

Pp

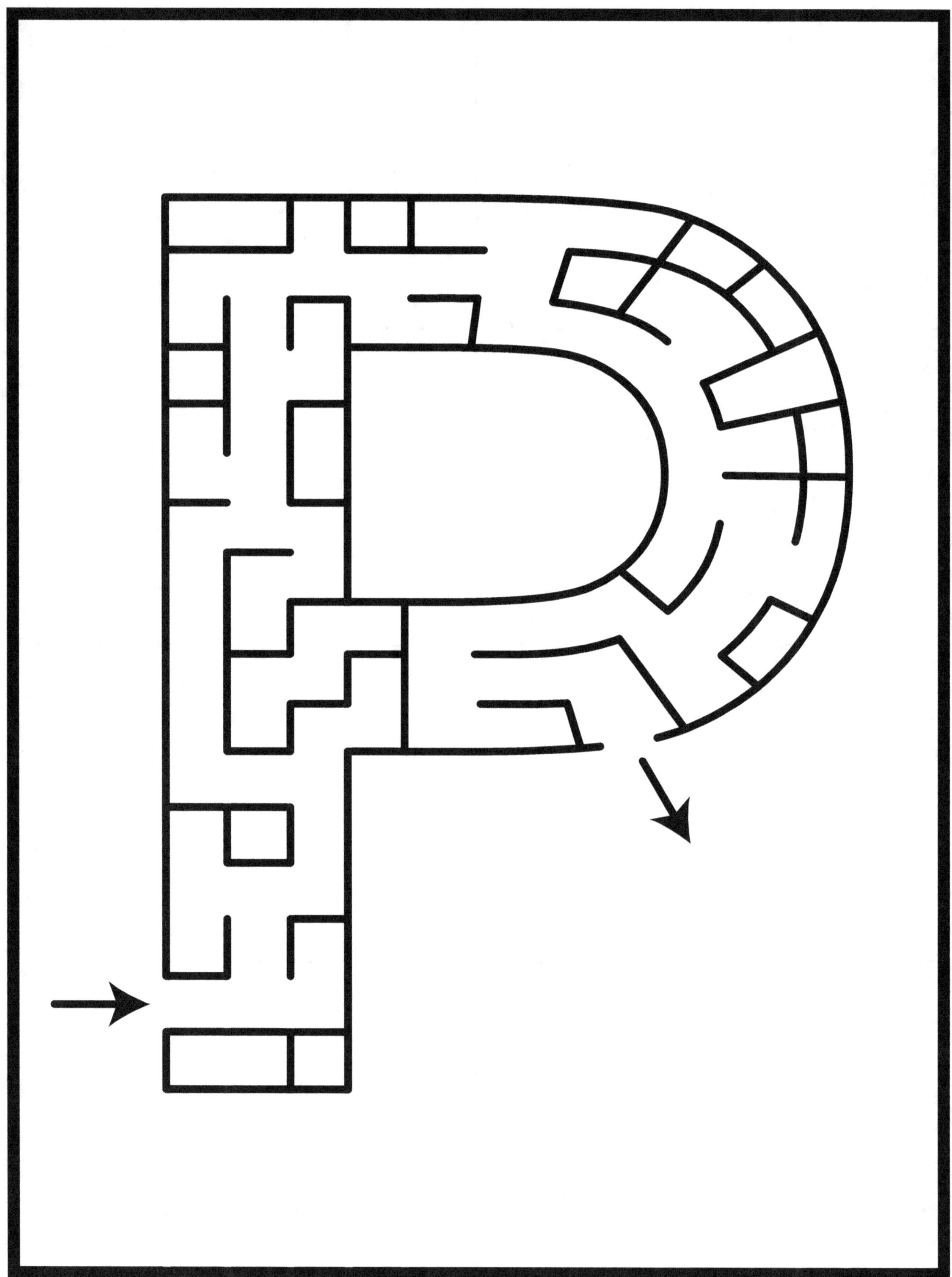

Trace the uppercase and lowercase Pp
to find your way through the maze

START

n	t	g	u	p	k
h	t	A	M	p	G
o	Q	U	m	P	Z
D	p	p	P	P	Y
J	W	P	s	M	m
h	g	P	P	E	m
K	L	C	P	k	m

FINISH

P P P P P P

P P P P P P

P P P P P P

P P P P P P

p p p p p p

p p p p p p

p p p p p p

p p p p p p

Cut and build the letters 

Color the letter	*Color the letter*
Q	q
Trace the letter	*Trace the letter*
Q	q

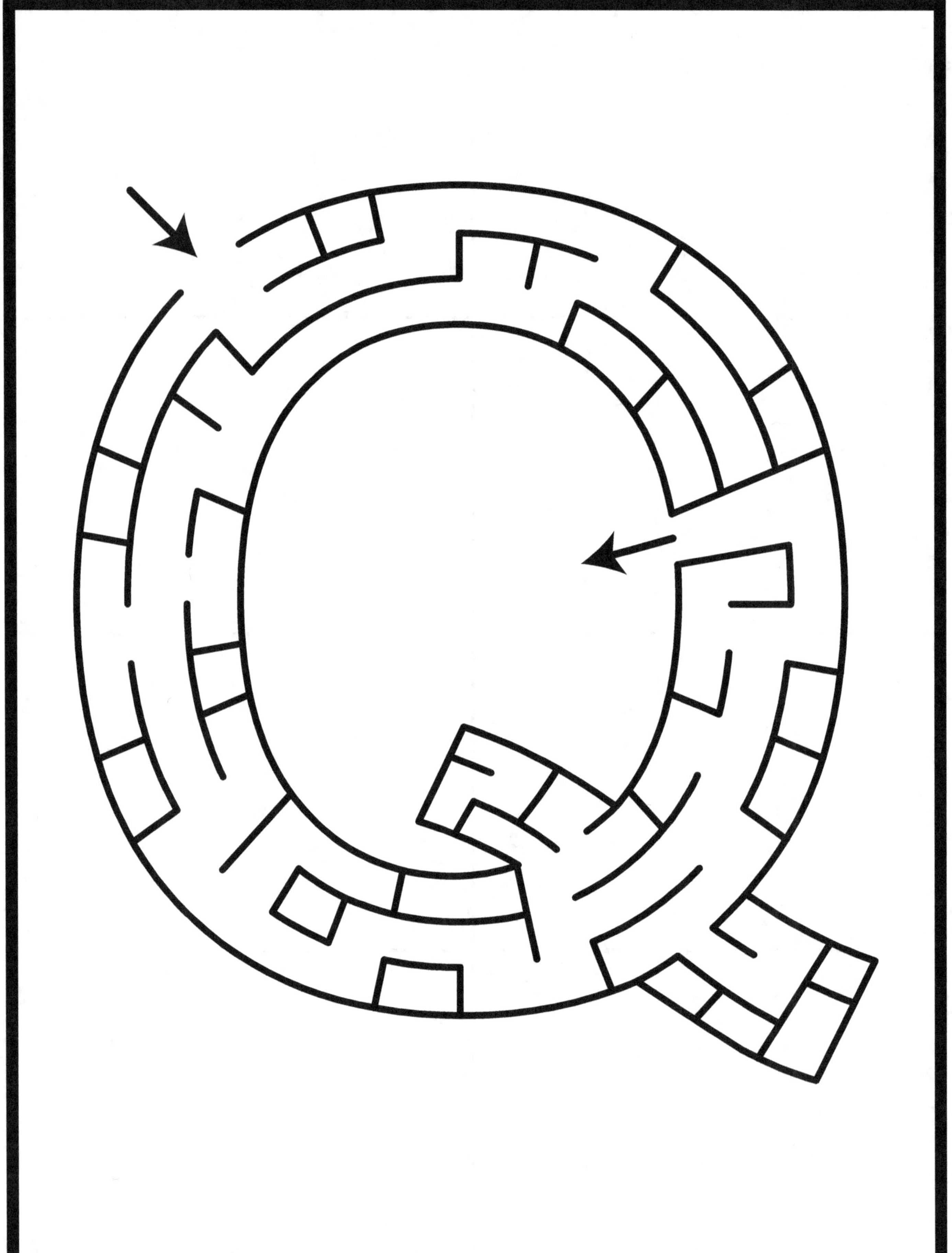

Trace the uppercase and lowercase Qq
to find your way through the maze

START

q	w	f	n	t	a
q	s	R	O	a	N
q	Q	Q	b	I	E
S	e	q	J	p	O
N	A	Q	q	W	i
e	m	Z	Q	D	u
L	K	Y	Q	v	X

FINISH

Cut and build the letters 

Color the letter	Color the letter
R	r
Trace the letter	**Trace the letter**
R	r

R r

R r

R r

R r

R r

R r

R r

R r

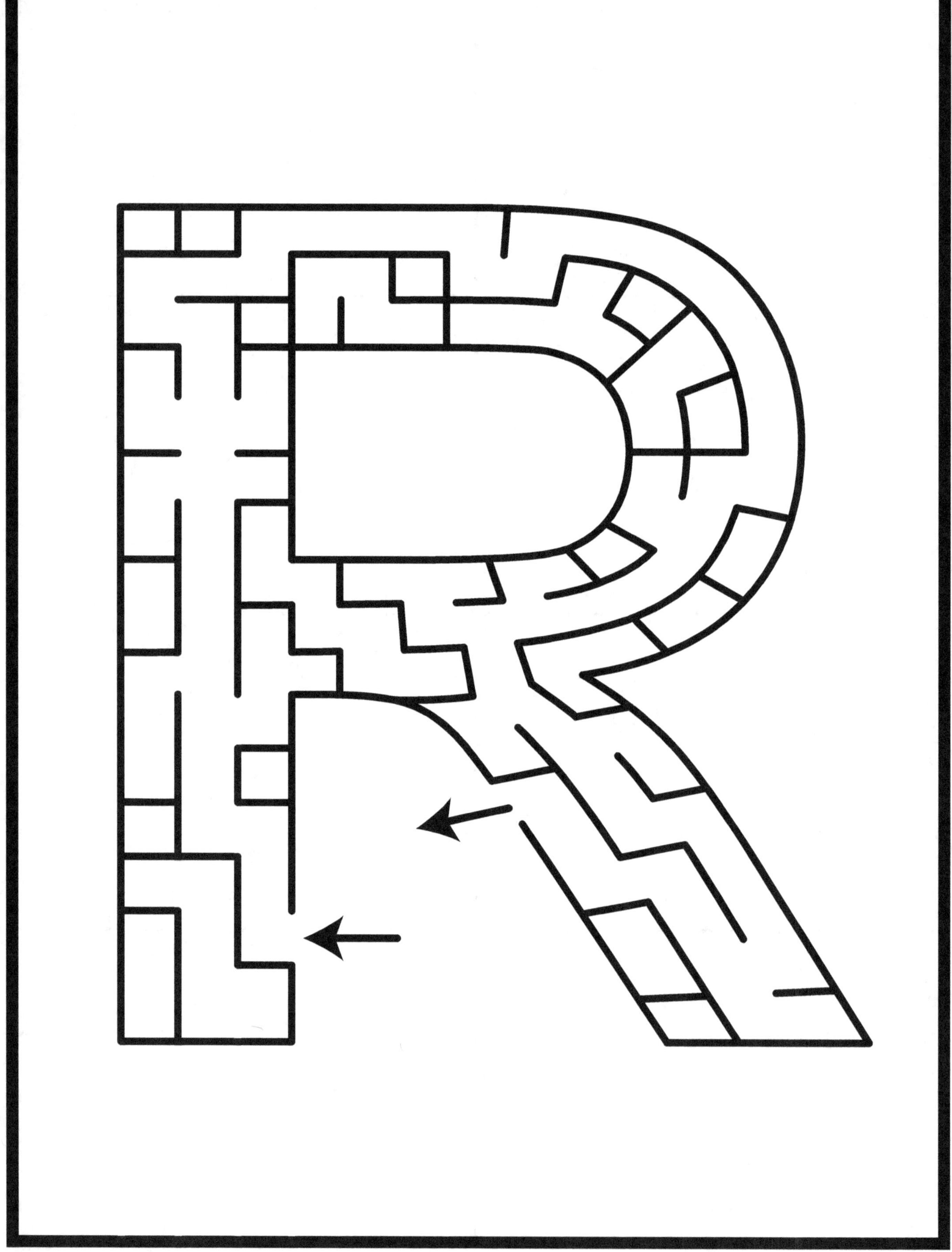

Trace the uppercase and lowercase Rr
to find your way through the maze

START

o	s	r	g	n	h
t	n	R	R	r	R
e	A	l	f	E	R
T	y	v	B	x	R
O	D	H	n	A	r
w	d	Y	U	R	r
C	S	G	L	r	a

FINISH

R R R R R

R R R R R

R R R R R

R R R R R

r r r r r

r r r r r

r r r r r

r r r r r

Cut and build the letters 

<table>
<tr><td>Color the letter</td><td>Color the letter</td></tr>
<tr><td>Trace the letter</td><td>Trace the letter</td></tr>
</table>

S s

S s   S s

S s   S s

S s   S s

S s   S s

Trace the uppercase and lowercase Ss
to find your way through the maze

START

T	S	w	B	H	p
h	s	d	H	a	i
a	S	E	n	W	J
N	s	s	S	a	M
R	C	u	s	A	Y
w	G	r	S	D	r
d	r	O	S	V	a

FINISH

S S S S S S

S S S S S S

S S S S S S

S S S S S S

S S S S S S

S S S S S S

S S S S S S

S S S S S S

Cut and build the letters 

Color the letter	Color the letter
T	✝
Trace the letter	**Trace the letter**
T	t

[illegible]

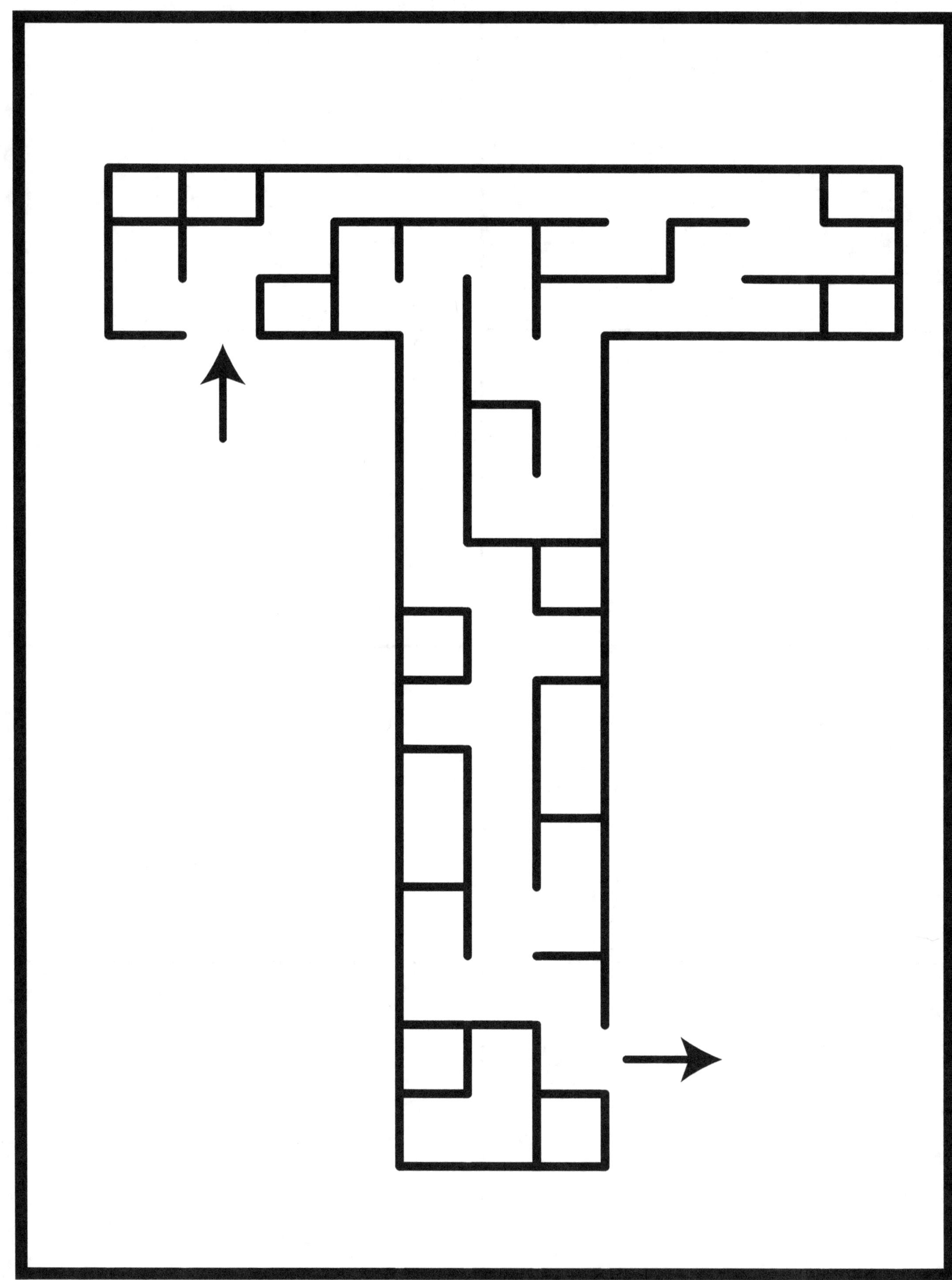

Trace the uppercase and lowercase Tt
to find your way through the maze

START

T	d	n	E	J	y
t	a	e	G	n	l
t	T	T	t	B	E
Z	c	x	T	m	B
A	D	g	t	S	U
q	T	t	T	R	u
o	t	P	E	F	a

FINISH

Cut and build the letters 

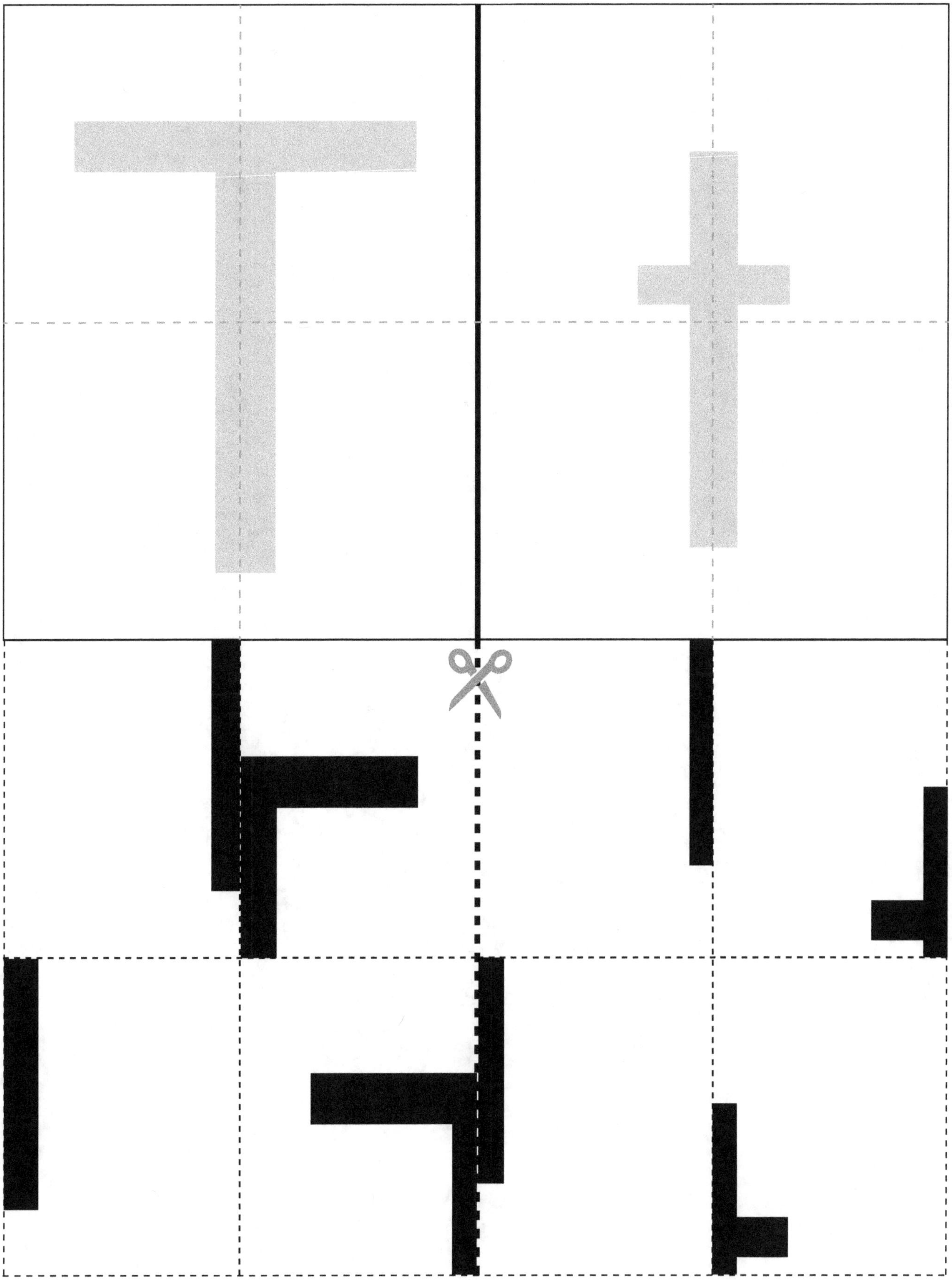

Color the letter

Color the letter

Trace the letter

Trace the letter

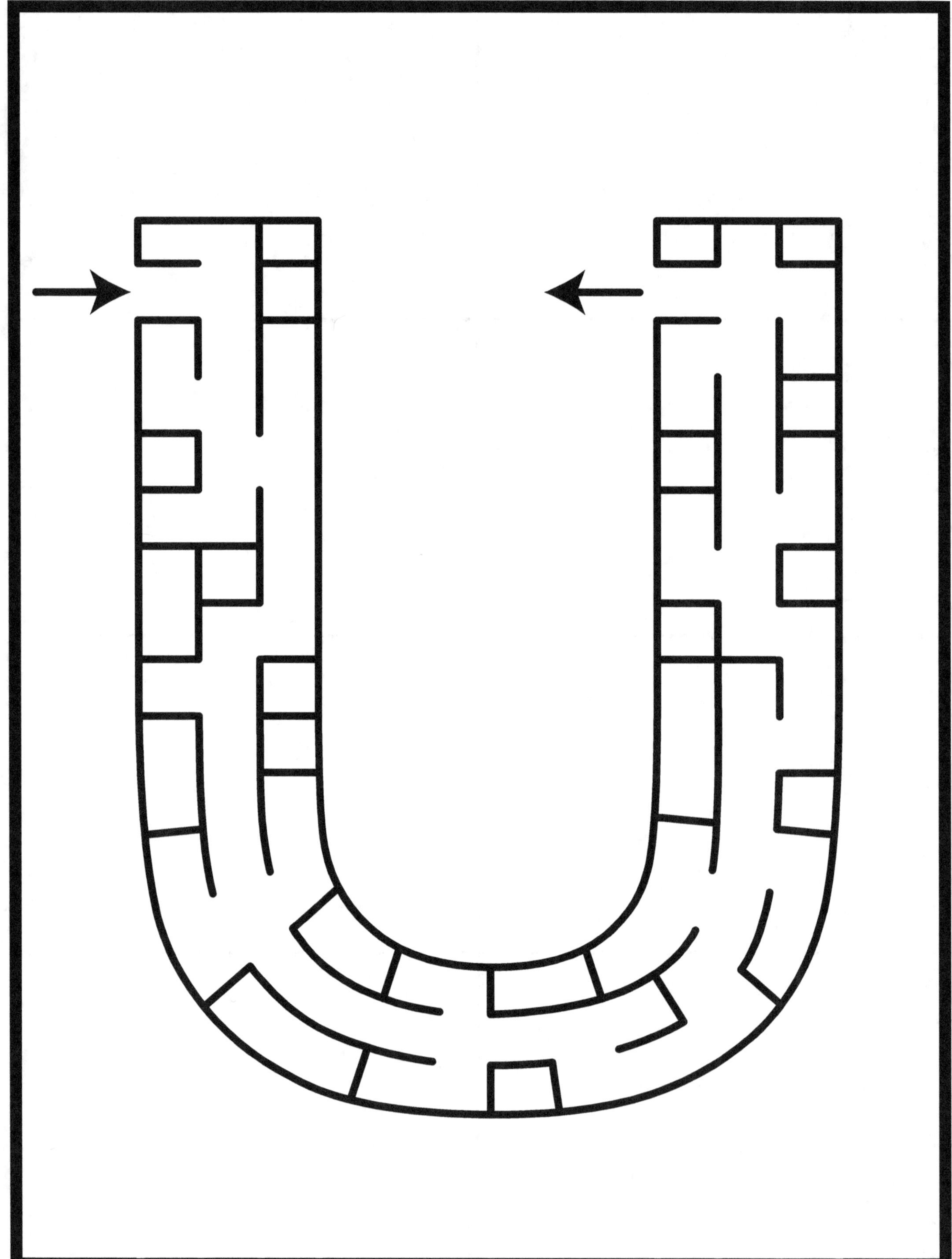

Trace the uppercase and lowercase Uu
to find your way through the maze

START

Q	d	f	Y	N	U
s	i	e	J	x	u
o	R	U	u	U	U
H	g	u	E	w	Q
O	P	u	f	V	Z
x	L	u	U	G	i
t	v	M	U	B	c

FINISH

Cut and build the letters 

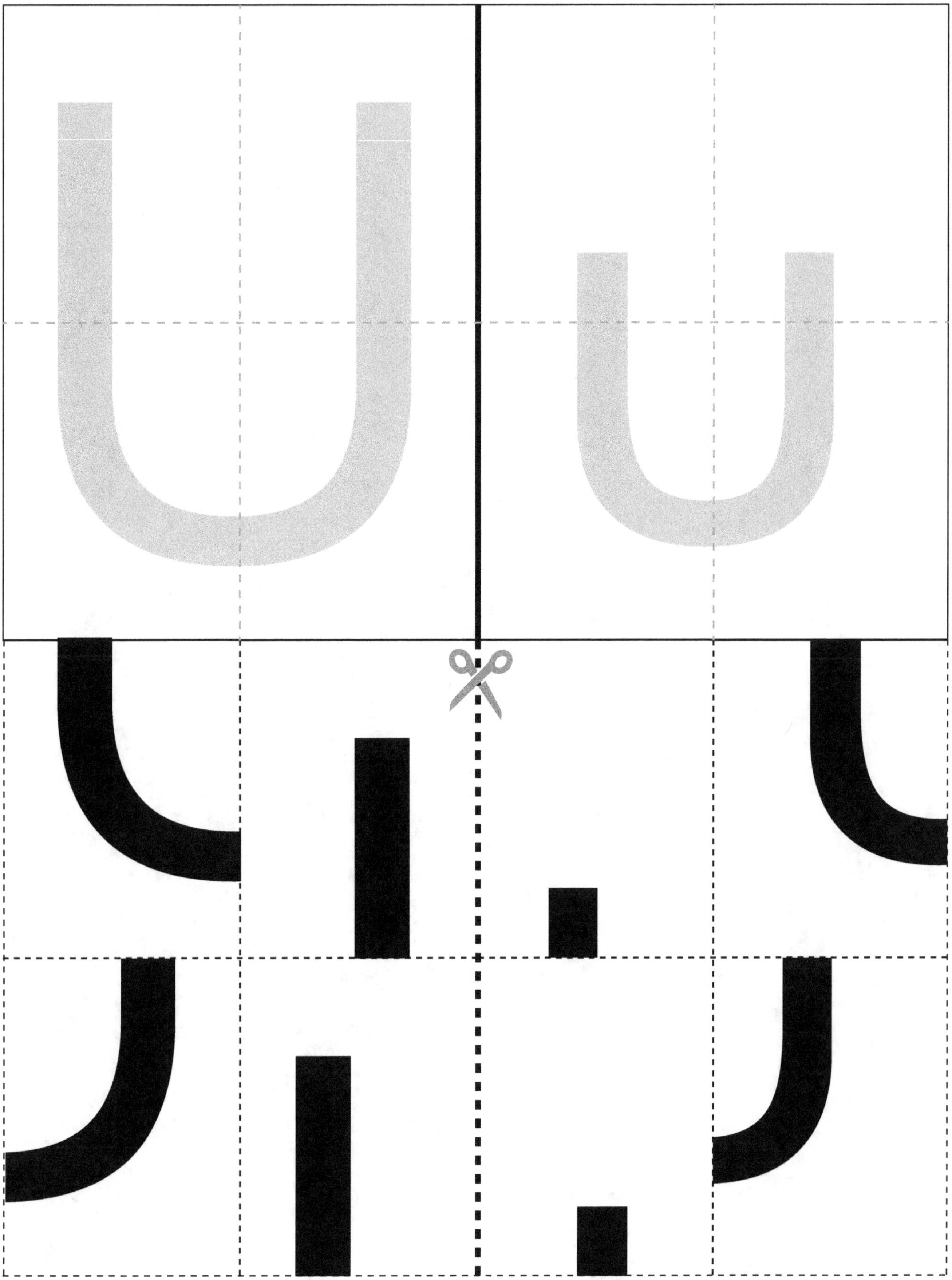

| Color the letter | Color the letter |
| Trace the letter | Trace the letter |

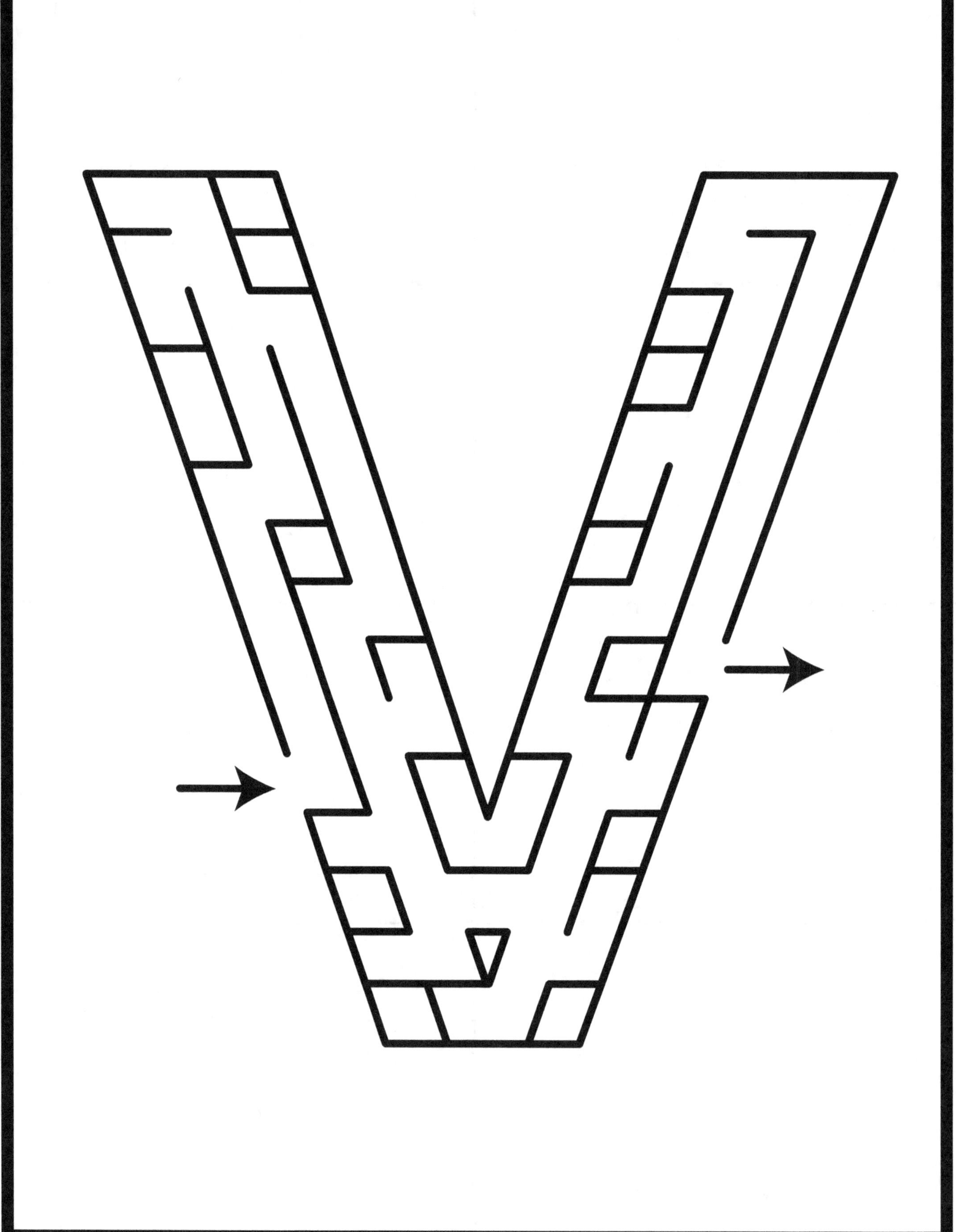

Trace the uppercase and lowercase Vv
to find your way through the maze

START

G	s	V	W	B	i
q	M	v	R	y	q
a	S	V	d	F	c
U	j	v	V	v	e
L	Z	x	A	V	H
n	e	i	R	V	v
K	r	T	Y	H	v

FINISH

Cut and build the letters 

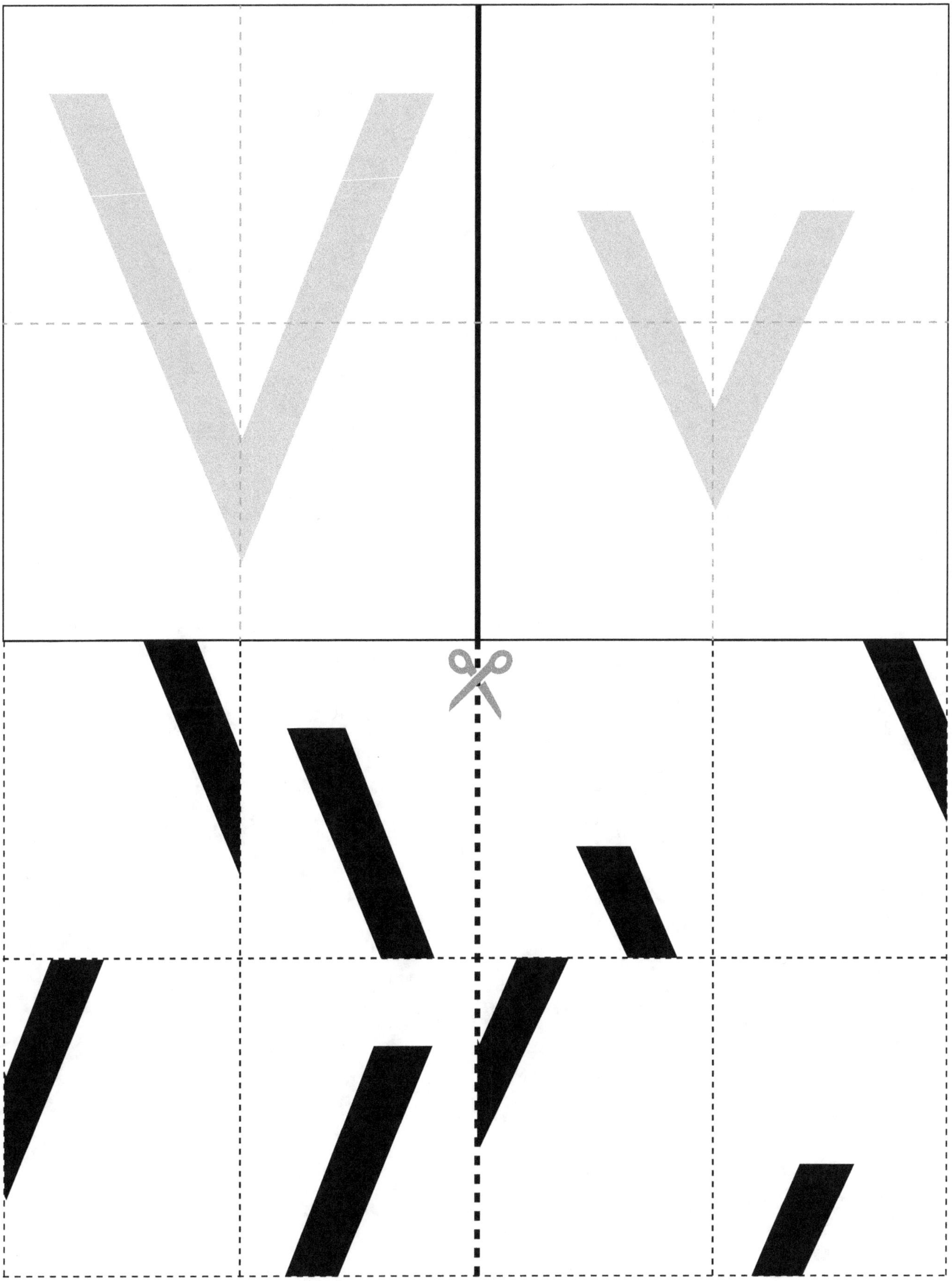

Color the letter	Color the letter
W	**W**
Trace the letter	Trace the letter

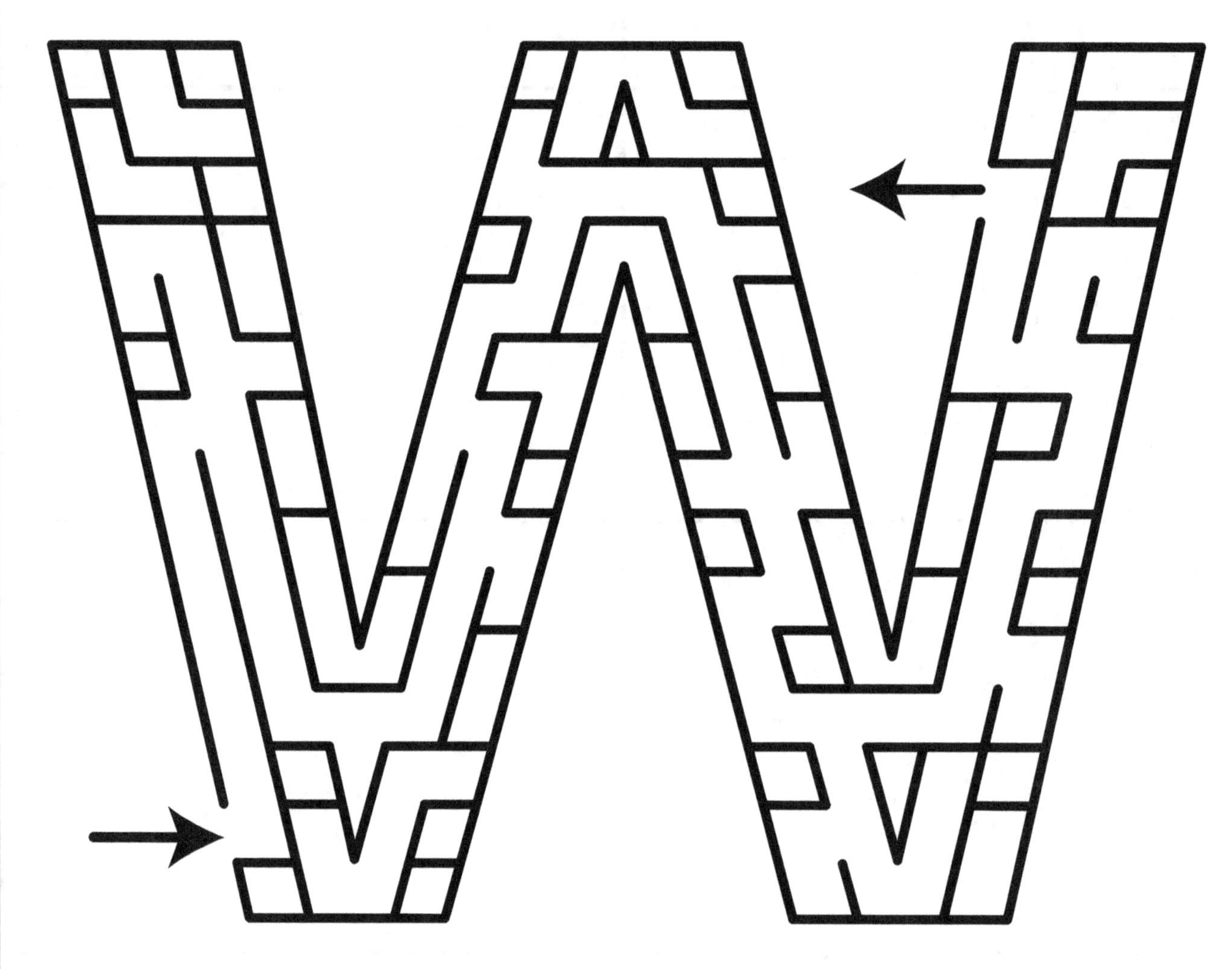

Trace the uppercase and lowercase Ww to find your way through the maze

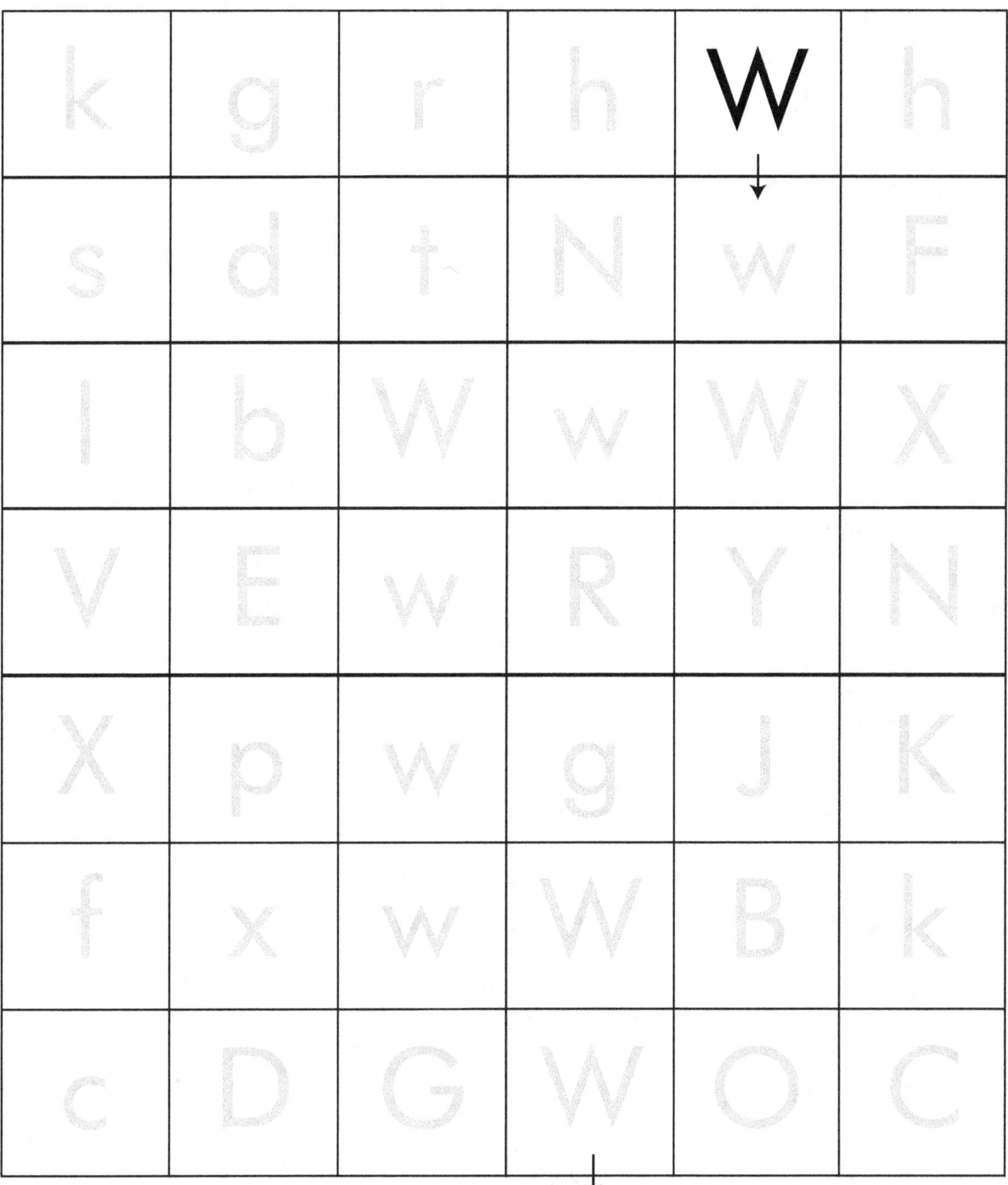

Cut and build the letters 

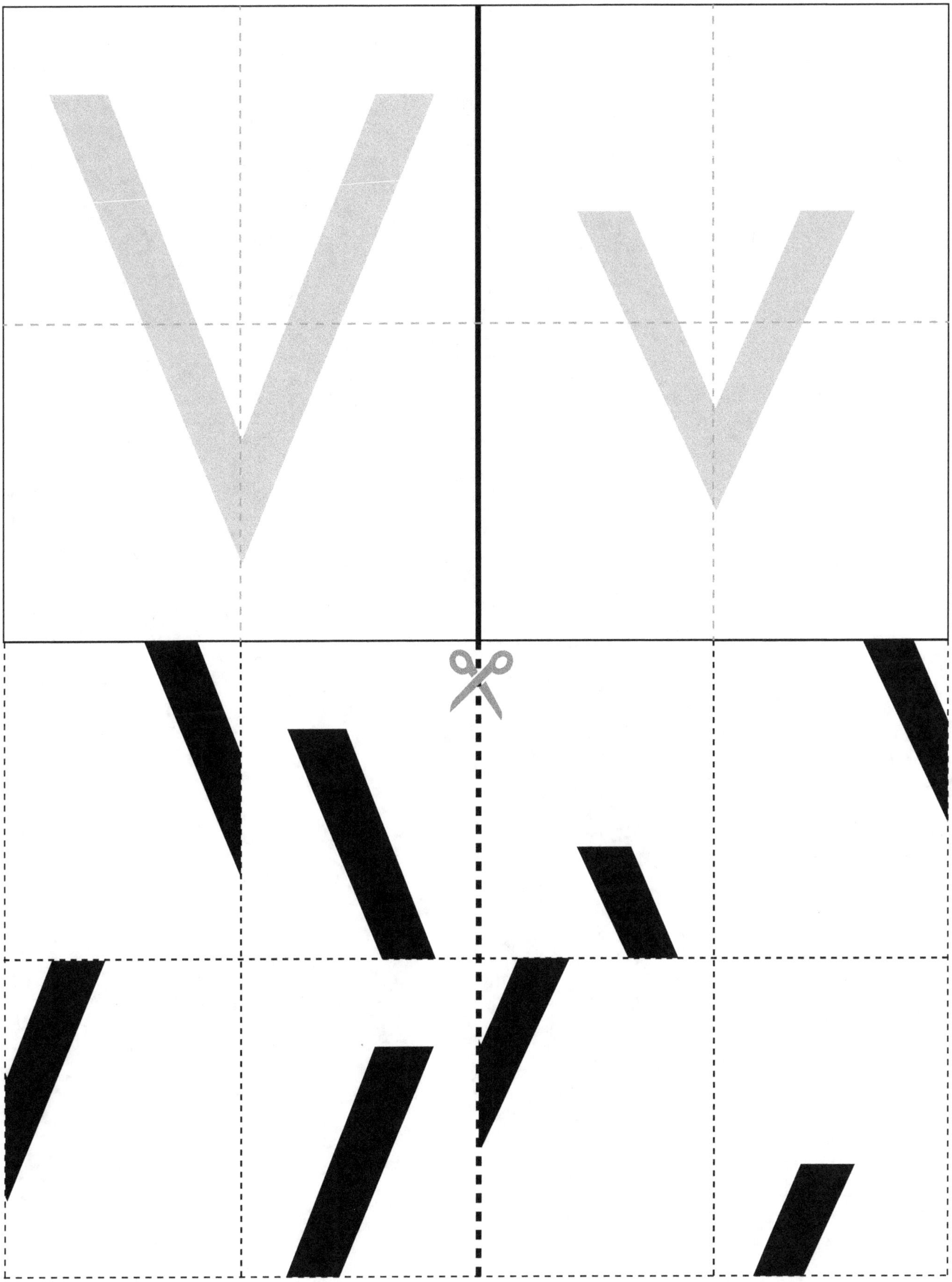

Color the letter	Color the letter
X	X
Trace the letter	**Trace the letter**

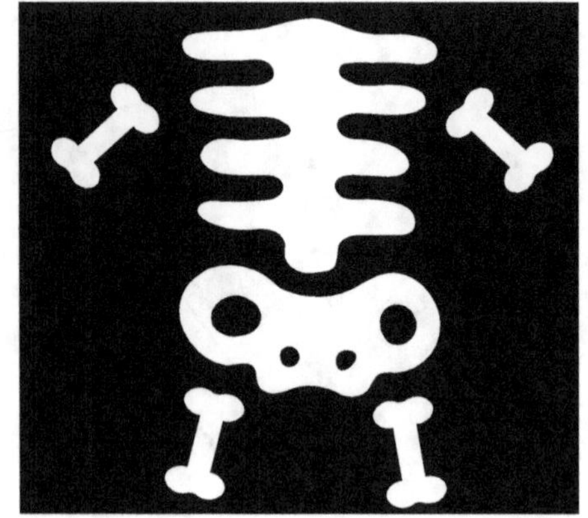

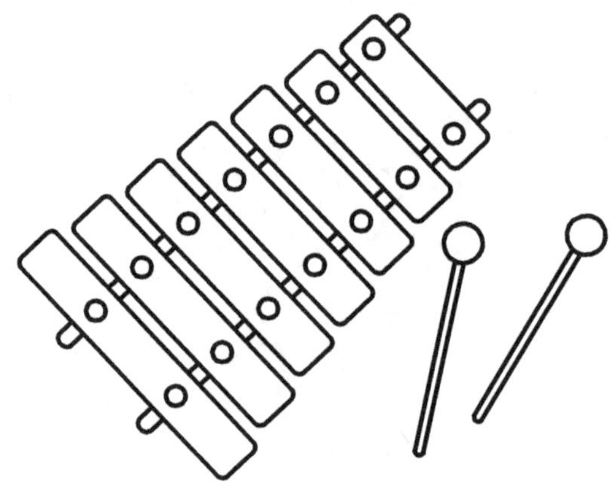

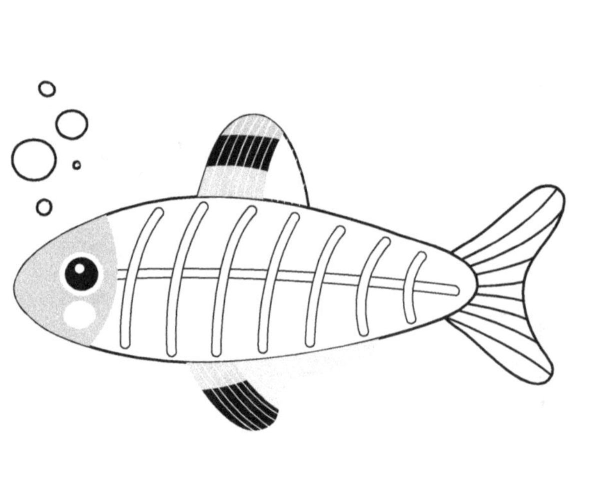

Trace the uppercase and lowercase Xx
to find your way through the maze

START

H	g	r	W	G	X
a	e	d	H	k	x
v	S	B	s	R	X
L	x	x	X	x	X
G	X	e	w	N	Z
m	X	i	T	E	q
a	x	V	B	M	n

FINISH

Cut and build the letters 

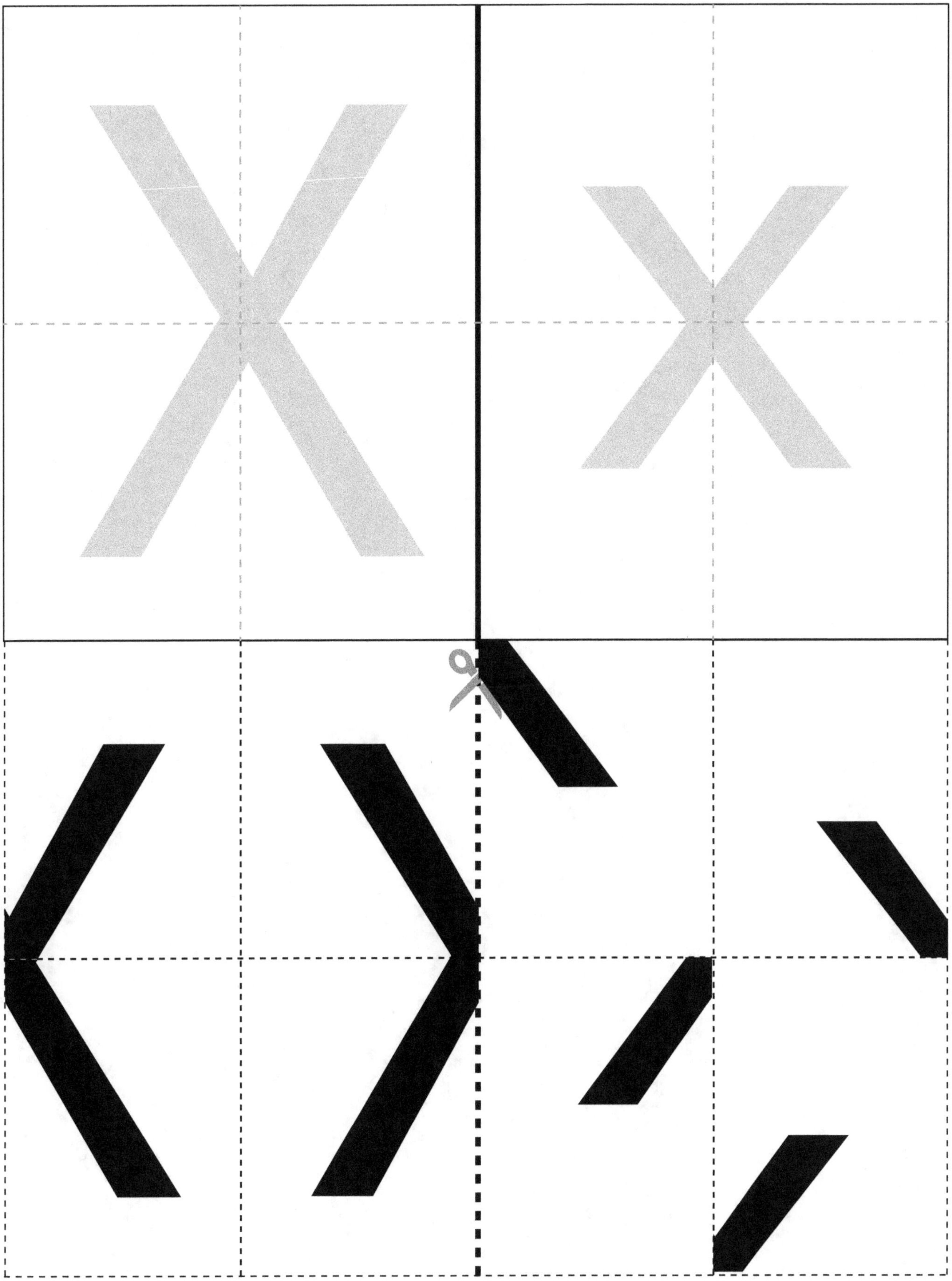

Color the letter	Color the letter
Y	y

Trace the letter	Trace the letter
Y	y

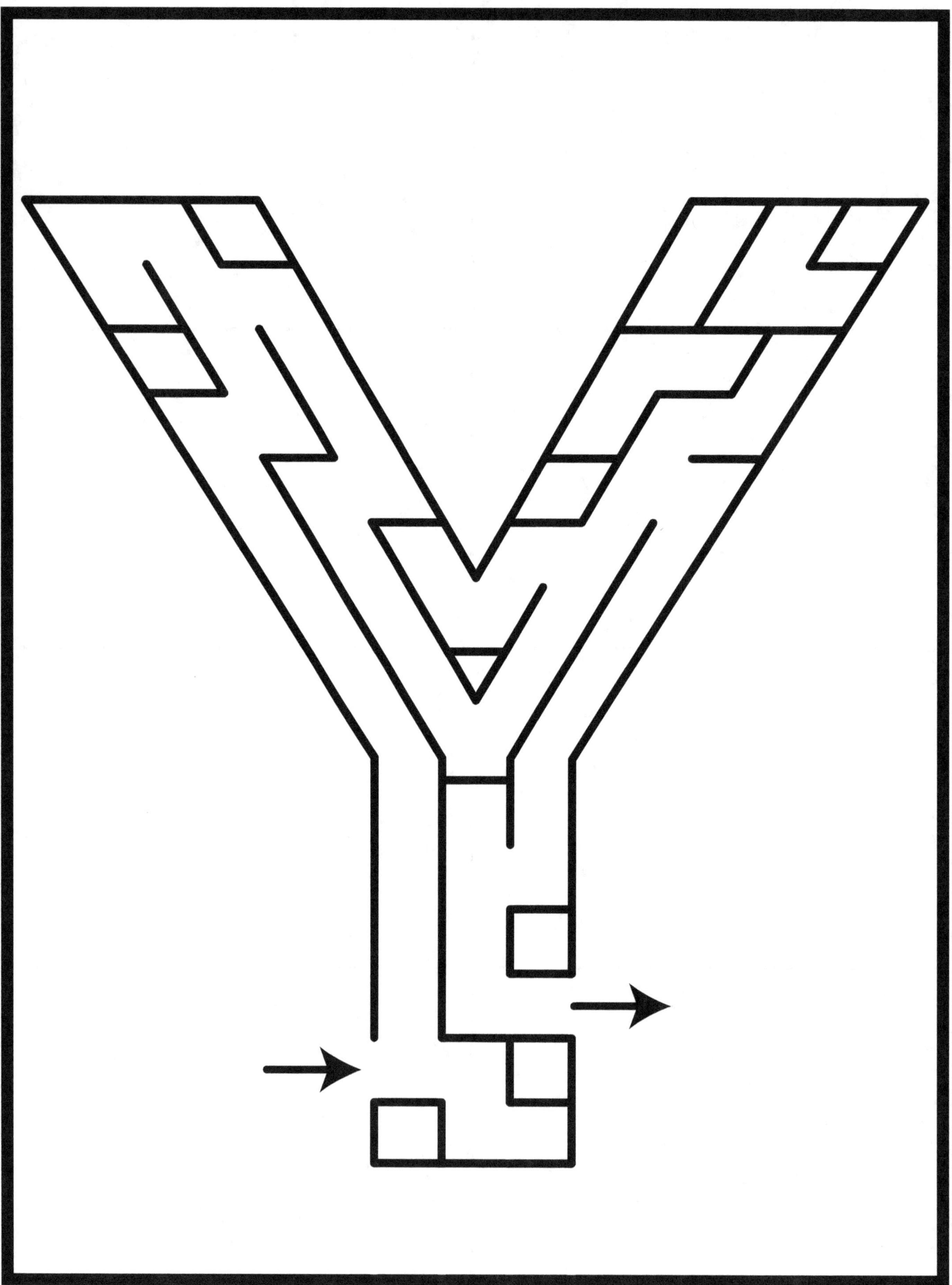

Trace the uppercase and lowercase Yy
to find your way through the maze

START

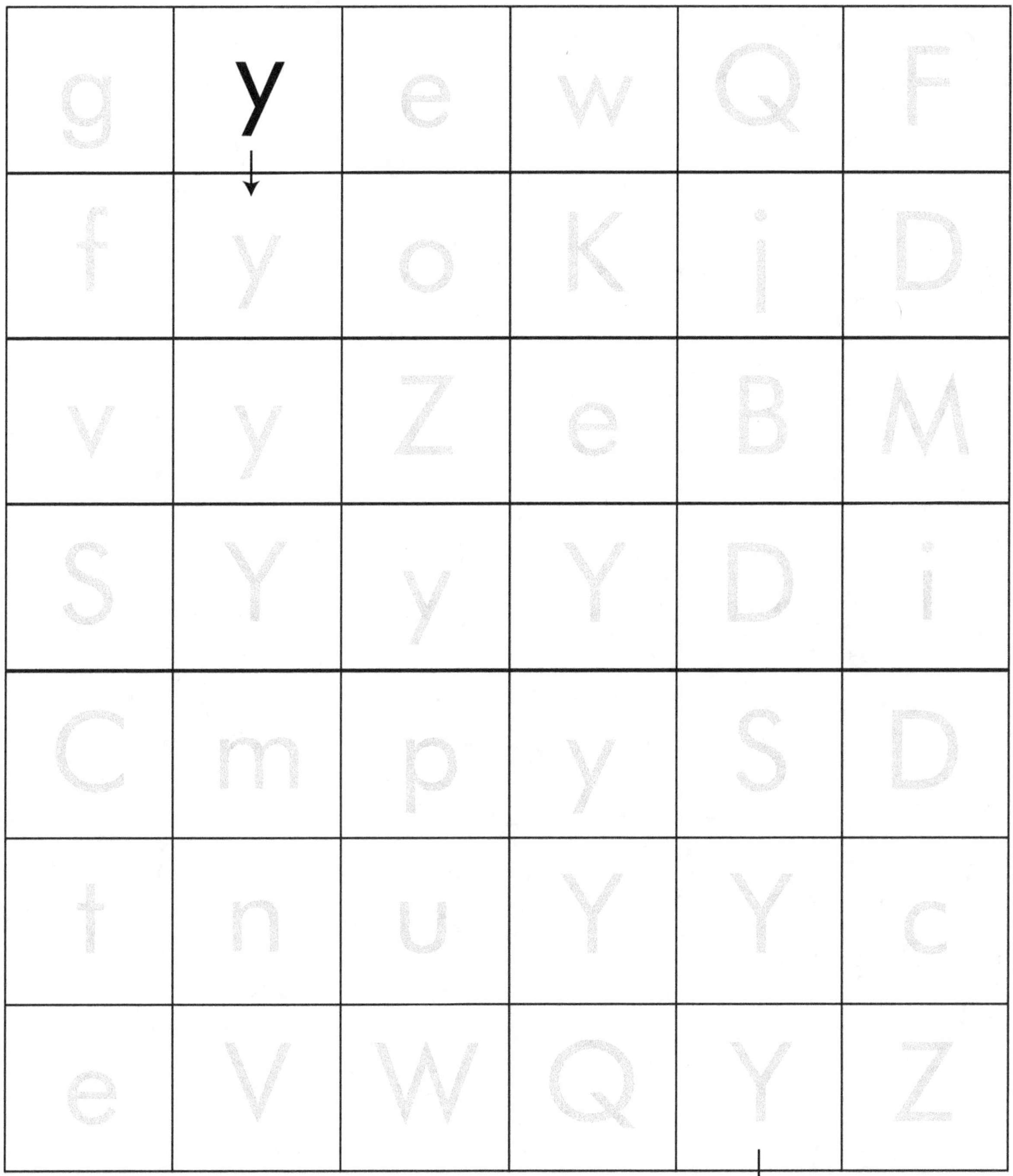

FINISH

Cut and build the letters 

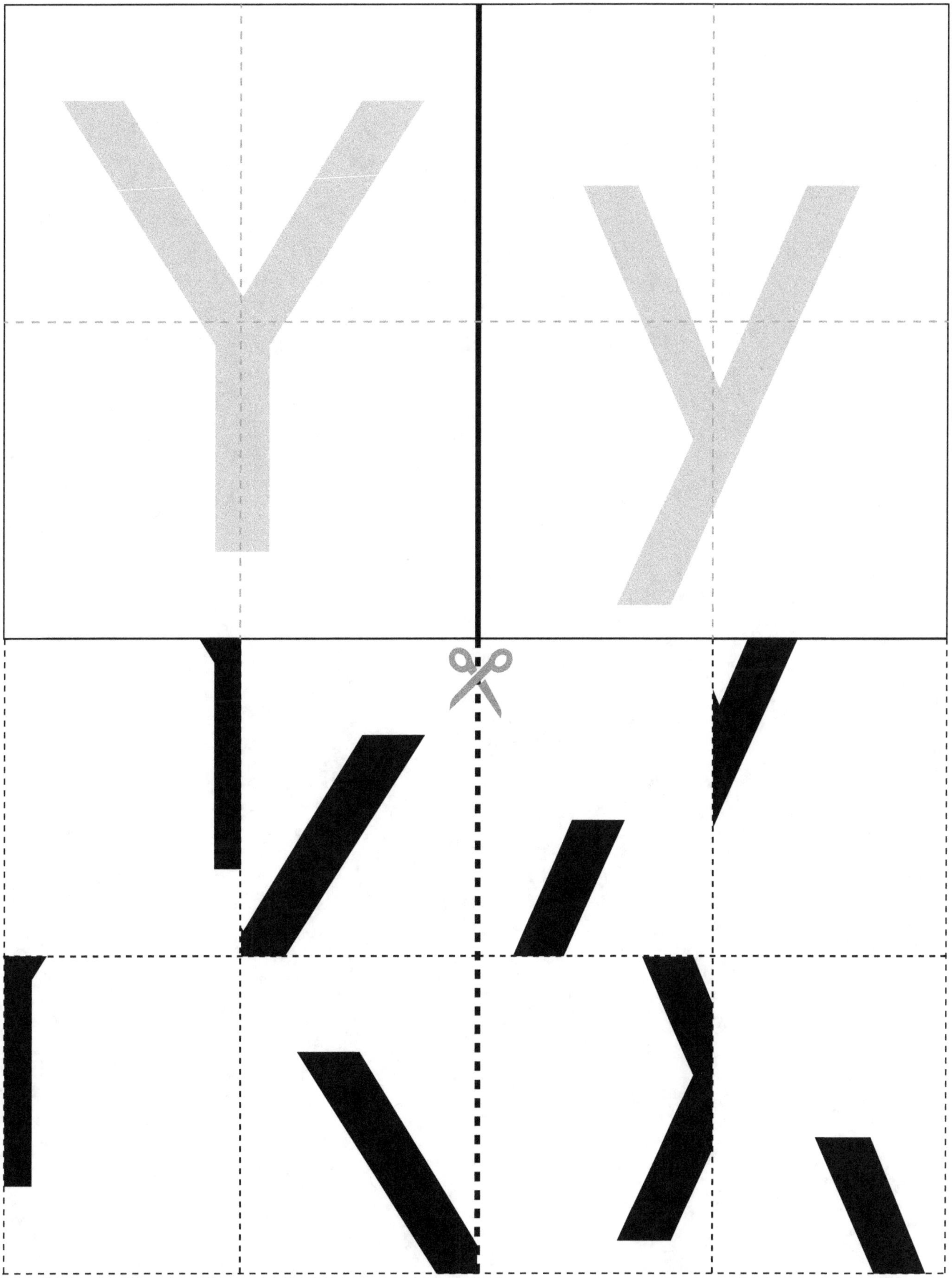

Color the letter

Z

Color the letter

Z

Trace the letter

Z

Trace the letter

Z

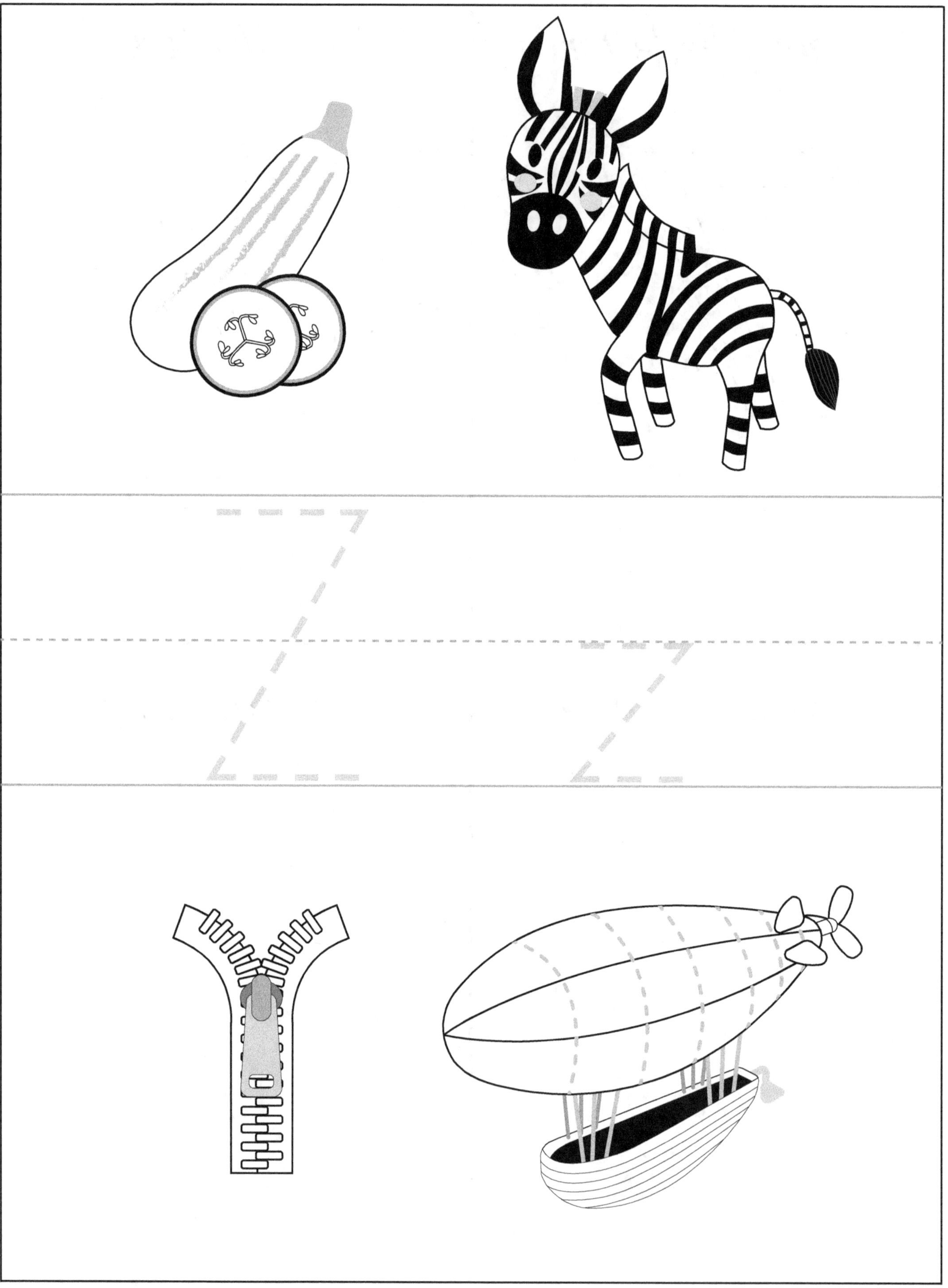

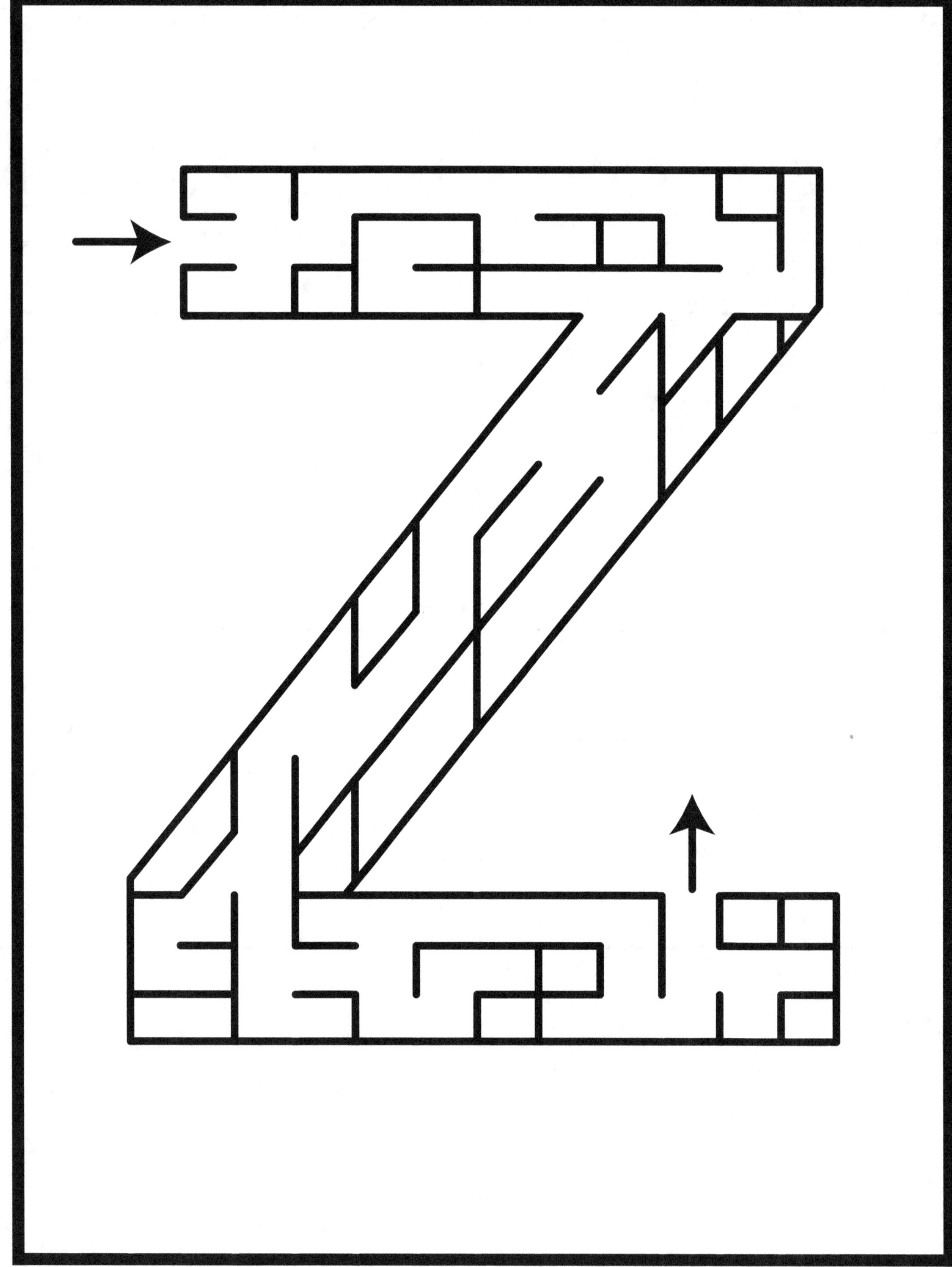

Trace the uppercase and lowercase Zz
to find your way through the maze

START

L	w	b	**Z**	E	x
t	s	j	Z	i	p
r	B	U	z	O	A
Z	z	z	Z	c	R
Z	V	e	b	U	K
z	Z	m	T	N	i
d	z	X	V	T	q

FINISH

Z Z Z Z Z Z

Z Z Z Z Z Z

Z Z Z Z Z Z

Z Z Z Z Z Z

Z Z Z Z Z Z

Z Z Z Z Z Z

Z Z Z Z Z Z

Z Z Z Z Z Z

Cut and build the letters 

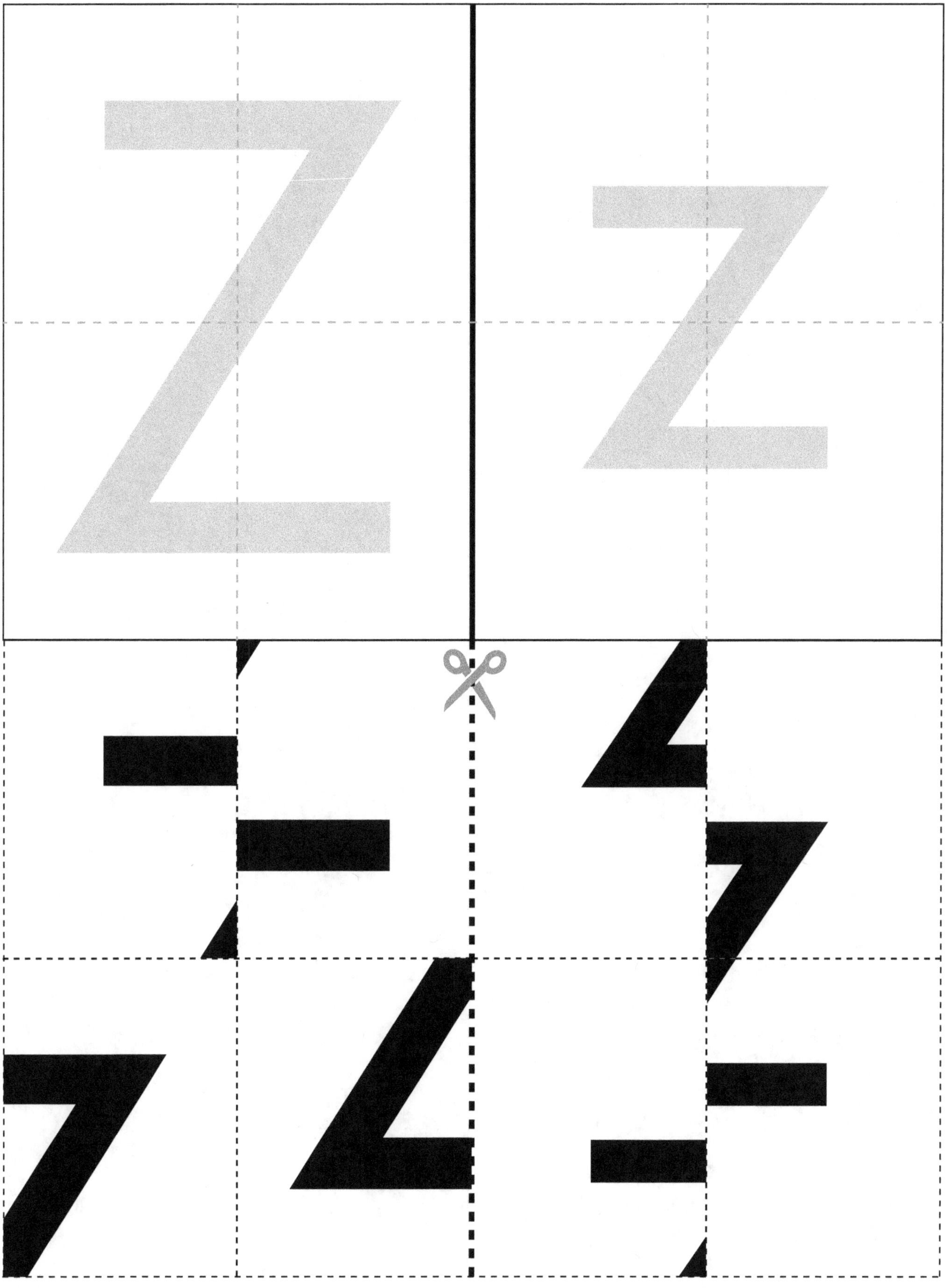